公益社団法人全国経理教育協会 主催
文部科学省・日本簿記学会 後援

全経簿記能力検定試験

標準問題集

1級 原価計算・管理会計

奥村雅史 ［監修］　渡邊章好 ［編著］

中央経済社

(執筆者一覧)

渡邊　章好　　（東京経済大学教授）　　1，2，28

宗像　智仁　　（福山平成大学講師）　　3〜7

尻無濱　芳崇　　（神奈川大学准教授）　　8〜11，17

濱村　純平　　（関西学院大学准教授）　　12〜16

森光　高大　　（明治大学准教授）　　18〜21，27

船越　洋之　　（武蔵野大学教授）　　22〜26

監修者序

　公益社団法人全国経理教育協会簿記能力検定試験制度は1956年10月14日に開始され，受験者数も累計で1,243万人の受験実績を持つ伝統ある検定試験であるが，2024年には，受験生と指導者に便宜を図ることを目的として，試験科目名の変更とネット試験（CBT）の導入が行われることになった。

　科目名の変更は，ビジネスの発展及び学問の進歩に合わせて変化してきた出題内容と従来の試験科目名とが合わなくなっていたことを原因としており，上級及び1級の科目名「工業簿記・原価計算」については「原価計算・管理会計」に変更されることとなった。これにより出題内容と科目名が適切に対応するため，受験生と指導者にとってわかりやすい名称となったと思われる。なお，出題内容が先行して変化してきたことを後追いする形で科目名が変更されたため，今回の科目名の変更自体が出題内容に影響することはないといえる。

　ネット試験の導入も，もっぱら受験生と指導者の利便性を高めることを目的としている。受験生にとっては受験機会が増加する点，指導者には，指導の成果（学生の習熟度）を確認する機会が常にあるという点で利便性が向上し，結果として，簿記能力検定試験の教育上の効果が一層高められることが期待される。

　本問題集シリーズもやはり，受験生と指導者の便宜を図ることを目的としている。これまで，検定試験の準備は，各教育機関における教育を前提に，その教材に関しては各教育機関に任されており，検定試験受験のために標準となるものがほとんどない状況である。そこで，その不足を補うという目的をもって企画されたのが本問題集シリーズである。

　この問題集が，受験生やその指導者など多くの関係者の簿記学習と指導にとって役立つことを期待するしだいである。

監修者　奥村　雅史

編著者はじめに

　本書は，全経簿記1級の原価計算・管理会計（2023年度までの原価計算・工業簿記から科目名が変更されました。なお，内容に変更はありません。）を受験するために勉強している人が2冊目か3冊目の対策本として手に取っていただくことを想定して執筆された問題集です。過去問を踏まえ，本試験に近い形式の問題を掲載しつつ，出題実績がないものの，今後の出題が予想される問題も掲載しています。すでに一通りの学習を終えた人が，力試しに本書を活用していただければと考えています。

　全経簿記1級は，その内容や水準が日商簿記2級と近いことから，日商簿記2級向けの書籍を用いて全経簿記1級の勉強をされている人もいらっしゃることでしょう。何の本を用いて勉強するかは各人の自由ですから，そのような勉強をされても問題はありません。ただし，全経簿記では，原価計算基準をはじめ理論の知識が問われる問題や，勘定作成から原価計算表や財務諸表を作成する工業簿記の一連の流れが問われる問題など日商簿記2級の工業簿記では見かけない問題が出題されますので，日商簿記向けの教科書を用いて勉強している方は，本書を通して全経簿記の出題形式を把握していただければ幸いです。また，出題範囲も異なりますから，ここで述べておきましょう。

　大きな違いは連産品と経営レバレッジ係数です。現在，日商簿記では連産品の計算は全経簿記上級に相当する日商簿記1級にて出題されていますが，全経簿記では1級から出題されています。一方，経営レバレッジ係数については，日商簿記では2級から出題されていますが，全経簿記では上級にて出題されます。

　また，総合原価計算における正常仕損・減損の処理方法も異なります。いずれの試験も定点発生のみが出題されますが，日商簿記2級では，終点以外で発生した場合，完成品と期末仕掛品に対等に負担させ，終点で発生した場合，完成品のみに負担させる簡便法が出題されています。これに対し，全経簿記1級では，正常仕損・減損の発生点が期末仕掛品の加工進捗度以前であれば完成品と期末仕掛品に対等に負担させ，正常仕損・減損の

発生点が期末仕掛品の加工進捗度を超えれば完成品のみに負担させる理論的に正しいといわれる方法が出題されています。ここで述べておきたいことは，両者の優劣ではありません。全経では学習の連続性を考慮し，上級でも出題される理論的に正しい方法を出題していますが，簡便法には実用性の面で利点があり，どちらの方法にも合理性は認められます。企業会計に求められる真実とは相対的真実であるわけですから，どうか本書を手に取っていただいた読者諸賢の皆様におかれましては，このような違いは易々と受け容れる姿勢を身につけていただきたいと切に願っています。

　本書の執筆にあたっては，大学にて原価計算や管理会計の講義を担当され，この分野の教育に関して豊富な見識をお持ちの先生方に協力していただきました。ここに記して感謝申し上げます。

　本書を通してひとりでも多くの方が全経簿記1級に合格されますことを祈っています。そして，原価計算や管理会計の知識は，製造業のみならずサービス業においても，また，大企業のみならず中小企業においても，さらには，非営利企業においても，組織経営の健全化に活用され得る知識ですから，全経簿記1級を目指す過程で得られた知識を，さまざまな組織の経営に活かしていただけることを願ってやみません。

執筆者を代表して

渡邊　章好

全経簿記能力検定試験の概要と
1級原価計算・管理会計の出題基準等

1．検定試験の概要

① 受験資格を制限しない（男女の別，年齢，学歴，国籍等の制限なく誰でも受けられる）。

② ペーパー試験は年間4回行い，その日時及び場所は施行のつどこれを定める（ただし上級の試験は毎年2回とする）。ネット試験（当面，2・3級）は，随時受験可能。

③ 各級の科目及び制限時間は以下のとおり。

上級	商業簿記／財務会計	1時間30分
	原価計算／管理会計	1時間30分
1級	商業簿記・財務会計	1時間30分
	原価計算・管理会計	1時間30分
2級	商業簿記	1時間30分
	工業簿記	1時間30分
3級	商業簿記	1時間30分
基礎簿記会計		1時間30分

④ 検定試験は各級とも1科目100点を満点とし，全科目得点70点以上を合格とする。ただし，上級は各科目の得点が40点以上で全4科目の合計得点が280点以上を合格とする。

⑤ 1級の商業簿記・財務会計と原価計算・管理会計，2級の商業簿記と工業簿記はそれぞれ単独の受験が可能である。

⑥ その他試験の詳細は主催者である公益社団法人 全国経理教育協会のホームページ（https://www.zenkei.or.jp/exam/bookkeeping）を参照いただきたい。

2．「1級原価計算・管理会計」の出題基準と標準勘定科目

・出題基準

中小規模企業

・出題理念および合格者の能力

　製造業の経理担当者ないし管理者として，原価の意義や概念を理解したうえで，複式簿記に精通し，製造過程の帳簿を作成できるとともに，その内容を理解でき，製造原価報告書および製造業の損益計算書と貸借対照表を作成できる。また，作成した製造原価報告書と損益計算書を管理に利用できる能力を持つ。

・標準勘定科目

　標準的な勘定科目の例示は，次のとおりである（2級工簿以外を例示し，製造過程外で使用される商業簿記の勘定科目を除く）。

製造原価に関する勘定	素　材　（費）	原　料　（費）	買入部品(費)	燃　料　費	○　○　手　当
(法定)福利費	外 注 加 工 賃	特許権使用料	厚　生　費	直 接 経 費	○ ○ 部 門 費
組 間 接 費	第○工程仕掛品	(第○工程)半製品	○組仕掛品	○ 組 製 品	○ 級 製 品
副　産　物	作 業 く ず	仕　損　品	原 価 差 異	直接材料費差異	材料消費価格差異
数 量 差 異	直接労務費差異	賃 率 差 異	作業時間差異	製造間接費(配賦)差異	予 算 差 異
能 率 差 異	操 業 度 差 異	○○部門費(配賦)差異	負 債 勘 定	未 払 賃 金	収 益 勘 定
半 製 品 売 上	費 用 勘 定	半製品売上原価	販売費及び一般管理費	その他の勘定	本　　　社
工　　　場					

(参考：2級工業簿記)

製造原価に関する勘定	材　料　（費）	補助材料(費)	工場消耗品(費)	消耗工具器具備品(費)	労　務　費
賃　　　金	雑　　　給	経　　　費	賃 借 料	電 力 料	ガ ス 代
水　道　料	直接材料費	直接労務費	製造間接費	加 工 費	資 産 勘 定
仕 掛 品	製　　　品	機 械 装 置	費 用 勘 定	売 上 原 価	その他の勘定
月 次 損 益	年 次 損 益				

※　「その他の勘定」に含まれている項目の一部は，他の区分に計上される可能性あり。

目次 全経簿記能力検定試験 標準問題集 1級

原価計算・管理会計

問題

01 工業簿記と財務諸表

Summary

1 工業簿記は，製造業特有の内部製造活動に焦点を当てている。なお，購買・販売活動の記帳も工業簿記の一部となるが，商業簿記と大きくは変わらない。また，通常，販売活動の記帳は売上原価対立法による。

2 製造活動は材料の消費から製品の完成までの一連の活動であり，その結果は，材料勘定の貸方から製品勘定の借方に記帳される。そして，記帳される金額が原価計算によって求められるわけであり，工業簿記と原価計算は表裏一体の関係にある。

3 工業簿記と関係の深い財務諸表としては，貸借対照表と損益計算書に加え，製造原価報告書（明細書）があげられる。

4 材料勘定，仕掛品勘定，製品勘定の期末残高は棚卸資産であり，これら金額が貸借対照表の資産の部に流動資産の一部として記載される。なお，通常，原価計算期間は1ヵ月であり月次決算となるが，貸借対照表を月次で作成することはまれである。

5 損益計算書の売上原価の部分は，期首製品棚卸高に当期製品製造原価を足し，期末製品棚卸高を引く形式となっているが，これは製品勘定を報告式に書き直したものに相当する。つまり，製品勘定に記帳された金額が損益計算書の売上原価の部分に記載される。

6 製造原価報告書は当期製品製造原価の明細を示す書類であり，当期製造費用に期首仕掛品原価を足し，期末仕掛品原価を引くことで当期製品製造原価の内訳を示しているが，これは仕掛品勘定を報告式に書き直したものに相当する。なお，製造原価報告書は当期製造費用の内訳も表示するが，その書式は，材料費，労務費，経費に分けて表示する方法と製造直接費と製造間接費に分けて表示する方法がある。

7 原価差異が生じる場合，損益計算書の売上原価の部分にて，まず予定

（標準）売上原価を求めた後に，原価差異を加減して実際売上原価とする。なお，原価差異が不利差異であれば加算し，有利差異であれば減算することになる。また，製造原価報告書では，当期製造費用の実際発生額を記載した後に不利差異であれば減算し，有利差異であれば加算することでボトムラインを予定（標準）の当期製品製造原価にする。

問題 次の諸勘定を参照して，製造原価報告書と損益計算書の空欄に入る金額を答えなさい。

材　　　　料

前 月 繰 越	100	仕 掛 品	750
諸　　　口	1,000	製 造 間 接 費	150
		次 月 繰 越	200
	1,100		1,100

製 造 間 接 費

材　　　料	150	仕 掛 品	3,000
賃 金 給 料	950	製造間接費配賦差異	100
経　　　費	2,000		
	3,100		3,100

仕 掛 品

前 月 繰 越	500	製　　品	5,100
材　　　料	750	次 月 繰 越	400
賃 金 給 料	1,250		
製 造 間 接 費	3,000		
	5,500		5,500

製　　　　品

前 月 繰 越	1,000	売 上 原 価	5,050
仕 掛 品	5,100	次 月 繰 越	1.050
	6,100		6,100

製造原価報告書

材　料　費

月初材料棚卸高　（　①　）

当月材料仕入高　（　②　）

合　　計　　（　　　）

月末材料棚卸高　（　③　）

　当月材料費　　　　（　④　）

　　　　　　　　　⋮

製造間接費配賦差異　（　⑤　）

当月製造費用　（　⑥　）

月初仕掛品棚卸高　（　⑦　）

合　　計　　（　　　）

月末仕掛品棚卸高　（　⑧　）

当月製品製造原価　（　⑨　）

損益計算書

売　　上　　高　　　　　×××

売　上　原　価

月初製品棚卸高　（　⑩　）

当月製品製造原価　（　⑪　）

合　　計　　（　　　）

月末製品棚卸高　（　⑫　）

差　　引　　（　⑬　）

原　価　差　異　（　　　）（　⑭　）

4

解答・解説

①	②	③	④	⑤	⑥	⑦
100	1,000	200	900	100	5,000	500
⑧	⑨	⑩	⑪	⑫	⑬	⑭
400	5,100	1,000	5,100	1,050	5,050	5,150

　本問は，工業簿記の一連の流れについて学習済みであることを前提とした問題である。そのため，難易度が高いと感じられれば，ユニット3以降の個別論点を学習した後，本問に立ち返っていただきたい。

　①～④は材料勘定を報告式に書き直したものに相当する。なお，この製造原価報告書は当月製造費用について形態別に分けて表示しており，労務費として2,200，経費として2,000を計上することとなる。また，製造直接費と製造間接費に分けて表示する場合，直接材料費750，直接労務費1,250，製造間接費3,100を計上することとなる。

　しかし，この5,100に月初仕掛品原価を足し，月末仕掛品原価を引いて当月製品製造原価を求めると，損益計算書にて原価差異の100を二重に足すことになってしまうため，⑤にて原価差異の100を引くことで，⑥の当月製造費用を予定の金額である5,000にしておく。なお，仕掛品勘定の借方にある材料750，賃金給料1,250，製造間接費3,000が予定の当月製造費用であり，合計は⑥と同じく5,000となっている。そして，⑥～⑨が仕掛品勘定を報告式に書き直したものに相当する。

　製造原価報告書の当月製品製造原価は損益計算書の当月製品製造原価と同じであるから，⑨と⑪は等しくならなければならない。また，⑩～⑬が製品勘定を報告式にしたものに相当し，⑩と⑪が借方，⑫と⑬が貸方である。なお，⑬の5,050が予定売上原価となる。

　予定製造間接費が3,000であるのに対し実際製造間接費が3,100であり，100の不利差異が生じているため，予定製造間接費を用いて計算された予定売上原価は実際より100少ない。そこで，原価差異にて100を足すことで，⑭では実際売上原価として5,150を計上する。

02

原価計算と原価

Summary

１ 「原価計算基準」では原価計算の目的として５点をあげているが，それらは，簡潔に言えば次のとおりとなる（「原価計算基準」１）。
  1. 財務諸表作成に必要な真実の原価を集計すること
  2. 価格計算に必要な原価資料を提供すること
  3. 原価管理に必要な原価資料を提供すること
  4. 予算管理に必要な原価資料を提供すること
  5. 経営の基本計画設定に必要な原価情報を提供すること

ここで，２点目の価格について，これは政府調達価格を指していることに注意されたい。なお，基準は，一般的な製品の販売価格については予算管理の一環で考えられるものと捉えている。

２ 上記の諸目的を，重点の相違はあるが相ともに達成する一定の計算秩序を原価計算制度といい，これは財務会計機構と有機的に結びつき，常時継続的に行われる計算体系である（「原価計算基準」２）。

３ 原価の要件は，簡潔に言えば次のとおりとなる（「原価計算基準」３）。
  1. 材料や労働力など有償で取得した経済価値の消費であること
  2. 製品や仕掛品もしくは部門といった給付（原価計算対象ともいわれる）にかかわらせて把握されたものであること
  3. 経営目的に関連したものであること
  4. 正常的なものであること

４ 原価は正常的なものであるため，異常な状態による価値の減少は原価とはならない。他にも，未稼働の固定資産，長期間休止している設備などの価値の減少や配当も原価とはならない（「原価計算基準」５）。なお，役員賞与金は現行制度の下では一般管理費となる。

５ 原価は，原価計算制度における狭義の原価と意思決定のための原価を含んだ広義の原価に大別され，全経１級では，狭義の原価，すなわち，製

造原価と販売費および一般管理費が対象となる（「原価計算基準」7）。

6　製造原価要素の分類基準は，形態別分類，機能別分類，製品との関連における分類，操業度との関連における分類，管理可能性にもとづく分類がある（「原価計算基準」8）。

7　製造原価要素は，形態別分類によって，材料費，労務費，経費に分類され，製品との関連における分類によって直接費と間接費に分類される。その結果，製造原価は，直接材料費，直接労務費，直接経費，間接材料費，間接労務費，間接経費という6つの要素に分類される。

8　上記の分類に機能別分類を加味し，各原価要素は主要材料費や直接賃金，減価償却費のような費目に分類される（「原価計算基準」10）。なお，このような手続きを費目別計算といい，製品原価計算の第一次の計算段階となる（「原価計算基準」9）。

9　その他に，操業度との関連における分類により変動費と固定費に，管理可能性との関連における分類により管理可能費と管理不能費に分類されるが，管理可能性による分類は全経上級にて出題される。

10　製品原価の計算は，費目別計算の後に，第二次の部門別計算（「原価計算基準」15），第三次の製品別計算（「原価計算基準」19）という3つの計算段階を経て行われる。

11　販売費および一般管理費も製造原価と同様の分類基準によって分類され（「原価計算基準」37），その計算は，製造原価の費目別計算に準じて行われる（「原価計算基準38」）。

12　原価計算は，実際原価を記帳する実際原価計算と標準原価を記帳する標準原価計算に分けられる。なお，価格などが予定であったとしても，消費量が実際であれば，実際原価となる（「原価計算基準」4（1）1）。

13　また，原価計算は，あらゆる原価要素を製品に集計する全部原価計算と変動製造費用のみを製品に集計する直接原価計算にも分けられる（「原価計算基準」30）。

14　通常，原価計算期間は1ヵ月となり，1ヵ月ごとに完成品原価を計算する。なお，材料消費をはじめとする各種製造活動の結果は，月末に1ヵ月分をまとめて記帳することが多い。また，1ヵ月ごとに売上原価などを求め，月次損益勘定へ振り替える。

□□ |問|題| 次の原価計算や原価に関する文章（「原価計算基準」に準拠している）について，妥当であれば○印を，妥当でなければ×印を解答用紙の解答欄に記入しなさい。

1．製造部門に設置される有形固定資産の減価償却費は未稼働のものも含めて間接経費となる。

2．「原価計算基準」では原価計算の目的として，価格計算に必要な資料の提供をあげているが，ここでの価格とは政府調達価格を想定している。

3．原価とは，単なる費用の発生額を意味するのではなく，何らかの原価計算対象とのかかわりで把握されたものである。

4．実際原価計算制度においても，特殊原価調査として標準原価を計算し，これを財務会計の主要帳簿に組み入れることはある。

5．原価の部門別計算とは，個別原価計算において実施される計算段階であり，総合原価計算において実施されることはない。

6．製造原価のあらゆる原価要素を製品に集計するのが全部原価計算であり，変動製造費用のみを製品に集計するのが直接原価計算である。

7．主要材料であれ間接材料であれ，材料の棚卸減耗費は常に経費として処理される。

8．個別原価計算と組別総合原価計算は，種類の異なる製品を生産し，直接費は賦課し，間接費は配賦するという点で共通している。

9．製造原価は材料費，労務費，経費に分類されるが，このような分類を費目別分類という。

10．製造部門で製品製造のために使用される有形固定資産の保険料は経費となり，情報システム部門で発生する保険料は一般管理費となる。

解答・解説

1	2	3	4	5
×	○	○	×	×
6	7	8	9	10
○	×	○	×	○

1. 投資資産，未稼働の固定資産，長期間休止している設備，その他経営目的に関連しない資産からの減価償却費をはじめとする費用は原価とはならない（「原価計算基準」5（1））。

2. Summaryに記載のとおり，政府調達価格を想定している。

3. Summaryに記載のとおり，正しい記述である。なお，基準では原価計算対象ではなく，給付とされている。

4. 実際原価計算制度であっても特殊原価調査として標準原価を計算し，原価差異を分析することはある。しかし，それは勘定組織の枠外で行われる（「原価計算基準」2）。

5. 総合原価計算においても部門別計算は行われ，それは工程別総合原価計算といわれる。

6. 正しい記述である。なお，直接原価計算（direct costing）は変動原価計算（variable costing）といわれることもある。

7. 材料の棚卸減耗費は経費に分類されるが，異常な状態を原因としていれば非原価項目となるため経費とはならない（「原価計算基準」5（2））。

8. 正しい記述である（「原価計算基準」23）。

9. 製造原価要素の材料費，労務費，経費という分類は形態別分類である（「原価計算基準」8（1））。

10. 製造原価（材料費，労務費，経費）となり得るのは，正常な状態のもと，製造部門にて製品製造のために消費された分に限られ，本社管理部門のほか，研究・開発部門や情報システム部門のような共通部門で発生した費用は一般管理費となる。

03 材料費

Summary

1 材料の購入は資産の増加として記帳し，取得原価には，購入代価に引取運賃などの材料副費を含める。

2 材料消費額が材料費となり，材料費のうち直接材料費は仕掛品勘定へ，間接材料費は製造間接費勘定へ振り替える。

3 直接材料について，月初在庫量が1個（@¥100），当月購入量が9個（@¥90），当月消費量が8個のとき，消費価格を先入先出法と平均法で計算した場合の仕訳と計算は，次のとおりとなる。

（平均法）

（借） 仕 掛 品	728	（貸） 材 料	728

{(1個×@¥100＋9個×@¥90)÷10個}×8個＝¥728

（先入先出法）

（借） 仕 掛 品	730	（貸） 材 料	730

1個×@¥100＋7個×@¥90＝@¥730

4 間接材料について，当月消費額を棚卸計算法によって計算する場合の仕訳と計算は，次のとおりとなる。

月初棚卸高 ¥20 当月購入高 ¥100 月末棚卸高 ¥30

（借） 製 造 間 接 費	90	（貸） 材 料	90

棚卸計算法：（¥20＋¥100）－¥30＝¥90

5 上記の**3**と**4**の仕訳について，材料勘定から材料費勘定へ振り替え，その後，材料費勘定から，直接材料費は仕掛品勘定へ，間接材料費は製造間接費勘定へ振り替える記帳方法もある。

6 材料の実地棚卸高が帳簿残高より少ない場合，その差額は棚卸減耗費となる。そして，棚卸減耗費が¥200であった場合，それを製造間接費勘

定で処理する場合の仕訳は，次のとおりとなる。

| （借）製 造 間 接 費 | 200 | （貸）材　　　　料 | 200 |

　なお，棚卸減耗費は材料費ではなく経費（間接経費）に分類される。

　7　総勘定元帳では主要材料や補助材料などあらゆる物品を材料勘定にまとめて記帳することもあれば，物品ごとに勘定を設ける場合もある。

□□　**問題**　以下に記した**1〜5**の取引について，次の中から最も適当と思われる勘定科目を用いて仕訳しなさい。

仕	入	現	金	買 掛 金
材	料	仕 掛 品		製 造 間 接 費
発 送 費		材料消費価格差異		未 払 金

1．部品¥3,624,000を掛けで購入した。なお，引取運賃¥19,800は現金で支払った。

2．素材の当月消費額を計上した。なお，すべて直接材料として消費されており，消費価格の計算は先入先出法による。

　　　月 初 在 庫 量　　　　480個　（¥1,480／個）

　　　当 月 購 入 量　　2,500個　（¥1,530／個）

　　　当 月 消 費 量　　2,400個

3．工場消耗品の当月消費額を棚卸計算法によって計上した。

　　　月 初 棚 卸 高　　　¥287,000

　　　当 月 購 入 高　　¥3,129,000

　　　月 末 棚 卸 高　　　¥345,000

4．原料の棚卸減耗費を計算し，適切な処理を行った。

　　　月 初 在 庫 量　　　　462kg　（¥6,500／kg）

　　　当 月 購 入 量　　8,610kg　（¥6,500／kg）

　　　当 月 消 費 量　　8,337kg

　　　月末実地棚卸量　　　727kg

5．当月の材料実際消費量は2,300kgであり，既に予定価格¥260／kgで記帳済みであったが，実際消費額が¥630,200であることが判明し，差額を材料消費価格差異として計上した。

解答・解説

	借方科目	金額	貸方科目	金額
1	材　　　料	3,643,800	買　掛　金	3,624,000
			現　　　金	19,800
2	仕　掛　品	3,648,000	材　　　料	3,648,000
3	製 造 間 接 費	3,071,000	材　　　料	3,071,000
4	製 造 間 接 費	52,000	材　　　料	52,000
5	材料消費価格差異	32,200	材　　　料	32,200

　　ここでは材料勘定のみを用いているが，品目別に勘定を設ける場合もあり，その場合，**1**〜**4**の仕訳については次のようになる。

	借方科目	金額	貸方科目	金額
1	買 入 部 品	3,643,800	買　掛　金	3,624,000
			現　　　金	19,800
2	仕　掛　品	3,648,000	素　　　材	3,648,000
3	製 造 間 接 費	3,071,000	工 場 消 耗 品	3,071,000
4	製 造 間 接 費	52,000	原　　　料	52,000

1. 材料を購入したときにかかった引取運賃は，材料副費として材料の取得原価に含める。

　　　材料取得原価：¥3,624,000 ＋ ¥19,800 ＝ ¥3,643,800

2. 消費価格の計算は先入先出法によるため，月初棚卸高から先に消費され，残りは当月購入高から消費されると考える。

　　　月初棚卸高：480個 × ¥1,480／個 ＝ ¥710,400

　　　当月購入高：2,500個 × ¥1,530／個 ＝ ¥3,825,000

　　　当月購入高からの消費分：（2,400個 － 480個）× ¥1,530／個

　　　　　　　　　　　　　　　 ＝ ¥2,937,600

　　　当月消費高：¥710,400 ＋ ¥2,937,600 ＝ ¥3,648,000

材料

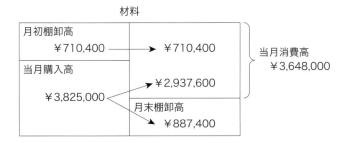

3. 棚卸計算法は，月初棚卸高と当月購入高の合計から，月末棚卸高を差引くことで当月消費高を求める方法である。

> 当月消費高：￥287,000 + ￥3,129,000 − ￥345,000
> = ￥3,071,000

4. 材料の帳簿残高よりも実地棚卸高が少ない場合，その差額は棚卸減耗費となる。

> 帳簿棚卸数量：462kg + 8,610kg − 8,337kg = 735kg
>
> 棚卸減耗：735kg − 727kg = 8kg
>
> 棚卸減耗費：8kg × ￥6,500／kg = ￥52,000

なお，指定された勘定科目に棚卸減耗費や経費がないことから，貸方の勘定科目は製造間接費になる。

5. 予定価格による材料消費額と実際価格による材料消費額の差額を材料消費価格差異として仕訳をする。

> 実際価格：￥630,200 ÷ 2,300kg = ￥274／kg
>
> 材料消費価格差異：（￥260／kg − ￥274／kg）× 2,300kg
> = △￥32,200（不利差異）

なお，予定消費額は￥260／kg × 2,300kg = ￥598,000となり，これと実際消費額の差額から材料消費価格差異を求めることもできる。

04

労務費

Summary

1 工員への給与の支払いや労務費の計算に際しては，賃金，もしくは，賃金給料勘定を用いる。

2 給与支給額には社会保険料や所得税等の源泉徴収分が含まれるが，支給額￥500から社会保険料と所得税￥100を控除した額を当座預金口座から振り込んだ場合，賃金給料勘定を用いると次のように仕訳する。

(借)	賃 金 給 料	500	(貸)	当 座 預 金	400
				預 り 金	100

3 労務費のうち直接労務費は仕掛品勘定へ，間接労務費は製造間接費勘定へ振り替える。たとえば直接労務費￥400，間接労務費￥100だった場合の仕訳は，次のとおりとなる。

(借)	仕 掛 品	400	(貸)	賃 金 給 料	500
	製 造 間 接 費	100			

4 上記の**2**の仕訳について，賃金給料勘定から労務費勘定へ振り替え，その後，労務費勘定から，直接労務費は仕掛品勘定へ，間接労務費は製造間接費勘定へ振り替える記帳方法もある。

5 月末に賃金給料未払い分がある場合，賃金給料勘定で繰り越す方法と未払賃金給料勘定へ振り替えて繰り越す方法がある。なお，未払賃金給料勘定へ振り替える場合，月末に次のように仕訳する。

(借)	賃 金 給 料	200	(貸)	未 払 賃 金 給 料	200

また，月初には再振替仕訳を行う必要がある。

6 賃金給料を予定賃率で処理している場合，予定消費額と実際消費額の間に差異が発生することがあり，そのような差異を賃率差異という。たとえば予定消費額が￥320，実際消費額が￥340の場合，賃率差異は￥20の不

利差異（借方差異）となり，次のように仕訳する。

| （借） | 賃 率 差 異 | 20 | （貸） | 賃 金 給 料 | 20 |

また，有利差異（貸方差異）の場合は逆の仕訳となる。

□□ 問題 1 以下に記した 1 ～ 5 の取引について，次の中から最も適当と思われる勘定科目を用いて仕訳しなさい。

賃 金 給 料	当 座 預 金	仕 掛 品
製 造 間 接 費	未払賃金給料	預 り 金
雑 給	法 定 福 利 費	賃 率 差 異

1．工場従業員の給与について，本日，当座預金口座から各人の普通預金口座へ振り込んで支給した。総支給額は¥2,265,000であり，社会保険料および所得税等の控除額は¥384,000であった。

2．当月の未払賃金給料¥556,000を計上した。なお，当社では賃金給料未払い分は未払賃金給料勘定で繰り越す記帳方法を採用している。

3．直接工の当月賃金消費額を，予定賃率¥730／時間により計上した。

　　直接作業時間：4,080時間

　　間接作業時間：490時間

　　手 待 時 間：70時間

4．当月の直接工による直接作業時間は1,900時間であり，既に予定賃率¥2,250／時間で記帳済みであったが，実際消費額が¥4,406,100であることが判明し，差額を賃率差異として計上した。

□□ 問題 2 次のデータから，当月の未払賃金給料を求めるとともに，賃金給料勘定を完成しなさい。

　　前月の未払賃金給料：¥626,000

　　当月賃金給料支給額：¥1,445,000

　　当月賃金給料消費額：¥1,436,000

　　（うち直接工の直接作業時間分は¥1,167,000である。）

解答・解説

	借方科目	金額	貸方科目	金額
1	賃 金 給 料	2,265,000	当 座 預 金	1,881,000
			預 り 金	384,000
2	賃 金 給 料	556,000	未払賃金給料	556,000
3	仕 掛 品	2,978,400	賃 金 給 料	3,387,200
	製 造 間 接 費	408,800		
4	賃 率 差 異	131,100	賃 金 給 料	131,100

1．社会保険料や所得税等の源泉徴収分は，預り金として処理する。

2．給与計算期間と原価計算期間のズレによって，月末に賃金給料の未払いが発生することがある。この場合，月末に賃金給料の未払分を未払賃金給料として，次月に繰り越す仕訳を行う。月初になったら，逆の仕訳を行い前月繰越として賃金給料の勘定へ記帳する。

3．直接工の作業時間のうち，製造に直接携わった直接作業時間のみが直接労務費となる。また，手待時間は製造間接費に含まれる。

　　　直接労務費：4,080時間×@¥730＝¥2,978,400

　　　間接労務費：（490時間＋70時間）×@¥730＝¥408,800

4．予定賃率による賃金消費額と実際賃率による賃金消費額の差額を賃率差異として仕訳をする。

　　　実際賃率：¥4,406,100÷1,900時間＝¥2,319／時間

　　　賃率差異：（¥2,250／時間－¥2,319／時間）×1,900時間

　　　　　　　＝△¥131,100（不利差異）

　　なお，予定消費額は¥2,250／時間×1,900時間＝¥4,275,000となり，これと実際消費額の差額から賃率差異を求めることもできる。

当月の未払賃金給料	￥　617,000

賃　金　給　料

借　　　方	金額	貸　　　方	金額
諸　　　　　口	1,445,000	前　月　繰　越	626,000
次　月　繰　越	617,000	仕　掛　品	1,167,000
		製　造　間　接　費	269,000
	2,062,000		2,062,000

賃金給料に関しては,

　　当月支給額＋当月未払額＝前月未払額＋当月消費額

という関係が成立するため, 当月の未払賃金給料は

　　（￥626,000＋￥1,167,000＋￥269,000）－￥1,445,000

より, ￥617,000となる。

　次に, 賃金給料勘定の勘定科目欄に未払賃金給料の記載がないことから, ここでは, 未払賃金給料勘定を用いず, 賃金給料勘定にて未払賃金給料を繰り越す方法によって記帳していることがわかる。

　未払賃金給料勘定を用いない場合, 当月未払額が次月繰越となり, 前月未払額が前月繰越となる。そのため, 先に求めた当月の未払賃金給料が借方の次月繰越に相当し, 前月の未払賃金給料が貸方の前月繰越に相当する。

　なお, 未払賃金給料勘定を用いる方法であれ, 用いない方法であれ, 賃金給料の支給額を借方に記帳し, 消費額を貸方に記帳することに変わりはない。そのため, 直接労務費は, 仕掛品勘定への振替額￥1,167,000であり, 間接労務費は, 製造間接費勘定への振替額￥269,000である。また, 賃金給料支給額について, これは現預金での支払いに加え, 預り金や法定福利費もあることから, 借方の諸口の金額に相当する。

05 経費

Summary

1 直接経費の代表例としては，外注加工賃と特許権使用料があげられる。
たとえば，下請け企業に外注加工を依頼し，その代金¥300を掛けとした
場合の仕訳は，次のとおりとなる。

(借)	外 注 加 工 賃	300	(貸)	買 掛 金	300
	仕 掛 品	300		外 注 加 工 賃	300

2 間接経費の代表例としては，電力料や工場に関係する減価償却費があ
げられる。たとえば，当月分の減価償却費¥200を計上する仕訳は，次の
とおりとなる。

(借)	減 価 償 却 費	200	(貸)	減価償却累計額	200
	製 造 間 接 費	200		減 価 償 却 費	200

3 上記の**1**と**2**の仕訳について，外注加工賃や減価償却費という経費に
関する費目別の勘定を設けず，経費勘定にまとめて記帳する方法もある。
なお，その場合，**1**の仕訳は次のとおりとなる。

(借)	経 費	300	(貸)	買 掛 金	300
	仕 掛 品	300		経 費	300

4 上記の**1**〜**3**の仕訳について，借方と貸方に同じ勘定科目がある場合，
相殺することもでき，経費に関する費目別の勘定や経費勘定を設けない記
帳方法もある。なお，その場合，**2**の仕訳は次のとおりとなる。

(借)	製 造 間 接 費	200	(貸)	減価償却累計額	200

5 上記の**1**や**2**のように費目別の勘定を設ける場合，費目別の勘定から
経費勘定へ振り替えて集計し，その後，直接経費は仕掛品勘定へ，間接経
費は製造間接費勘定へ振り替える記帳方法もある。

□□ 問題 1　以下の（1）〜（3）の取引について，①費目別の勘定を用いる方法，②経費勘定を用いる方法，③費目別の勘定や経費勘定を用いない方法によって仕訳しなさい。ただし，勘定科目は，次の中から最も適当なものを選ぶこと。

仕 　掛 　品	製 造 間 接 費	経 　　　　 費
外 注 加 工 賃	減 価 償 却 費	減 価 償 却 累 計 額
買 　掛 　金	電 　力 　料	未 払 電 力 料

（1）　下記のデータから，外注加工賃の当月消費額を計上した。なお，外注加工の代金は掛けとしている。

　　　　前月末未払額　¥32,000

　　　　当月支払額　¥564,000

　　　　当月末未払額　¥43,000

（2）　年間の減価償却費¥3,408,000はすべて工場の建物と機械に関するものであり，当月分を月割計上した。

（3）　電力料（翌月末日支払い）について，当月支払額は¥648,000，当月測定額は¥641,000であったため，当月消費額を計上した。

□□ 問題 2　次のデータに基づき，それぞれの経費の当月の消費額がいくらになるか計算しなさい。

経費の費目	詳細
電力料	基本料金：¥60,000　実際消費量：850kwh 消費単価：¥320／kwh
保険料	月初前払高：¥23,000　当月支払高：¥482,000 月末前払高：¥18,000
減価償却費	年間の減価償却費：¥3,996,000

解答・解説

問 題 1

（1）

	借方科目	金額	貸方科目	金額
①	外 注 加 工 賃	575,000	買　　掛　　金	575,000
	仕　　掛　　品	575,000	外 注 加 工 賃	575,000
②	経　　　　　費	575,000	買　　掛　　金	575,000
	仕　　掛　　品	575,000	経　　　　　費	575,000
③	仕　　掛　　品	575,000	買　　掛　　金	575,000

当月消費額は¥564,000＋¥43,000－¥32,000＝¥575,000となる。

①の仕訳についての勘定連絡図を示すと次のとおりとなる。

買掛金		外注加工賃		仕掛品
	575,000　→	575,000	575,000　→	575,000

②の仕訳についての勘定連絡図を示すと次のとおりとなる。

買掛金		経費		仕掛品
	575,000　→	575,000	575,000　→	575,000

③の仕訳について勘定連絡図を示すと次のとおりとなる。

買掛金		仕掛品
	575,000　→	575,000

（2）

	借方科目	金額	貸方科目	金額
①	減 価 償 却 費	284,000	減価償却累計額	284,000
	製 造 間 接 費	284,000	減 価 償 却 費	284,000
②	経　　　　　費	284,000	減価償却累計額	284,000
	製 造 間 接 費	284,000	経　　　　　費	284,000
③	製 造 間 接 費	284,000	減価償却累計額	284,000

当月消費額は¥3,408,000÷12＝¥284,000となる。

①の仕訳について勘定連絡図を示すと次のとおりとなる。

減価償却累計額		減価償却費		製造間接費
	284,000　→	284,000	284,000　→	284,000

②の仕訳について勘定連絡図を示すと次のとおりとなる。

	減価償却累計額		経費		製造間接費
	284,000	→	284,000	284,000	→	284,000

③の仕訳について勘定連絡図を示すと次のとおりとなる。

	減価償却累計額		製造間接費
	284,000	→	284,000

（3）

	借方科目	金額	貸方科目	金額
①	電 力 料	641,000	未 払 電 力 料	641,000
	製 造 間 接 費	641,000	電 力 料	641,000
②	経 費	641,000	未 払 電 力 料	641,000
	製 造 間 接 費	641,000	経 費	641,000
③	製 造 間 接 費	641,000	未 払 電 力 料	641,000

当月消費額は当月の測定額となる。

①の仕訳について勘定連絡図を示すと次のとおりとなる。

	未払電力料		電力料		製造間接費
	641,000	→	641,000	641,000	→	641,000

②の仕訳について勘定連絡図を示すと次のとおりとなる。

	未払電力料		経費		製造間接費
	641,000	→	641,000	641,000	→	641,000

③の仕訳について勘定連絡図を示すと次のとおりとなる。

	未払電力料		製造間接費
	641,000	→	641,000

問題 2 ....

電 力 料 当 月 消 費 額	¥	332,000
保 険 料 当 月 消 費 額	¥	487,000
減 価 償 却 費 当 月 消 費 額	¥	333,000

電力料当月消費額 ＝ ¥60,000 ＋ 850kwh × ¥320／kwh

$\qquad$ ＝ ¥332,000

保険料当月消費額 ＝ ¥23,000 ＋ ¥482,000 － ¥18,000

$\qquad$ ＝ ¥487,000

減価償却費当月消費額 ＝ ¥3,996,000 ÷ 12ヵ月 ＝ ¥333,000

06 製造間接費

Summary

1 製造間接費は，製品ごとにいくら消費されたかがわからないため，製品原価を計算するために配賦基準を用いて配賦する必要がある。

2 配賦額は次の式で求めることができる。

$$配賦額＝配賦基準量×配賦率$$

3 直接工賃金の当月消費額¥3,000を配賦基準量として，配賦率120%で配賦額を計算すると，次のとおりとなる。

$$¥3,000×120％＝¥3,600$$

4 配賦率を計算で求める場合もある。配賦には実際配賦と予定配賦があり，実際配賦では実際配賦率を用いて配賦をし，予定配賦では予定配賦率を用いて配賦をする。

実際配賦率および予定配賦率の計算は，次のとおりとなる。

$$実際配賦率＝\frac{製造間接費実際発生額}{実際配賦基準量}$$

$$予定配賦率＝\frac{製造間接費予定発生額}{予定配賦基準量}$$

5 製造間接費の実際発生額と予定配賦額との差額を製造間接費配賦差異という。たとえば，製造間接費の実際発生額が¥290，製造間接費の予定配賦額が¥280の場合の仕訳は，次のとおりとなる。

(借)	製 造 間 接 費 配 賦 差 異	10	(貸)	製 造 間 接 費	10

実際発生額と予定配賦額ならびに差異の関係は次のとおりである

実際発生額 ＞ 予定配賦額 ⇒ 不利差異（借方差異）

実際発生額 ＜ 予定配賦額 ⇒ 有利差異（貸方差異）

□□ 問題 1 次の（1）～（3）に答えなさい。

（1） 直接工賃金当月消費額¥1,800,000の180％を製造間接費として予定配賦するときの予定配賦額はいくらになるか。

（2） 製造間接費の実際発生額が¥2,460,000であり，直接作業時間2,000時間をもとに実際配賦を行うときの実際配賦率はいくらになるか。

（3） 製造間接費の予定発生額が¥3,897,000であり，機械作業時間3,000時間をもとに予定配賦を行うときの予定配賦率はいくらになるか。

□□ 問題 2 次のデータから，解答用紙の当月の製造間接費勘定を完成しなさい。

1．補助材料
　　　月初棚卸高：¥336,000
　　　当月買入高：¥982,000
　　　月末棚卸高：¥299,000

2．棚卸減耗費
　　　材料帳簿棚卸高：¥590,000　　　材料実地棚卸高：¥560,000

3．間接工賃金
　　　月初未払高：¥490,000
　　　当月支給高：¥1,920,000
　　　月末未払高：¥550,000

4．減価償却費　　年間見積額：¥9,480,000

5．電力料　当月支払額：¥920,000　　　当月測定額：¥914,000

6．火災保険料
　　　月初前払高：¥63,000
　　　当月支払高：¥255,000
　　　月末前払高：¥48,000

7．予定配賦額
　　　直接労務費の160％を予定配賦しており，当月の直接労務費は¥3,120,000であった。

解答・解説

（1）	¥	3,240,000
（2）	¥	1,230 ／時間
（3）	¥	1,299 ／時間

（1）　¥1,800,000 × 180％ ＝ ¥3,240,000

（2）　¥2,460,000 ÷ 2,000時間 ＝ ¥1,230／時間

（3）　¥3,897,000 ÷ 3,000時間 ＝ ¥1,299／時間

問題 2

製 造 間 接 費

借　　　方	金額	貸　　　方	金額
材　　　　　料	1,019,000	仕　掛　品	4,992,000
材　　　　　料	30,000	製造間接費配賦差異	11,000
賃 金 給 料	1,980,000		
減価償却累計額	790,000		
電　力　料	914,000		
保　険　料	270,000		
	5,003,000		5,003,000

1．補助材料の当月消費額

　　月初棚卸高 ＋ 当月買入高 － 月末棚卸高

　　＝ ¥336,000 ＋ ¥982,000 － ¥299,000 ＝ ¥1,019,000

2．棚卸減耗費の当月消費額

　　帳簿棚卸高 － 実際棚卸高

　　＝ ¥590,000 － ¥560,000 ＝ ¥30,000

3．間接工賃金の当月消費額

　　当月支払高 ＋ 月末未払高 － 月初未払高

　　＝ ¥1,920,000 ＋ ¥550,000 － ¥490,000 ＝ ¥1,980,000

4．減価償却費の当月消費額

　　年間見積額÷12ヵ月

　　＝¥9,480,000÷12ヵ月＝¥790,000

5．電力料の当月消費額

　　当月消費額は当月測定額となる。

6．火災保険料の当月消費額

　　月初前払高＋当月支払高－月末前払高

　　＝¥63,000＋¥255,000－¥48,000＝¥270,000

7．当月の製造間接費の予定配賦額

　　直接工賃金当月消費額×配賦率

　　＝¥3,120,000×160％＝¥4,992,000

　　1～6の合計が当月の製造間接費実際発生額となり，¥5,003,000となる。一方，7より，当月の製造間接費予定配賦額は¥4,992,000であるから，差額の¥11,000が製造間接費配賦差異となる。そして，実際発生額が予定配賦額を超過しているため不利差異（借方差異）となる。

　　製造間接費勘定では，借方に集計された金額が実際発生額であり，貸方に記帳された仕掛品勘定への振替額が予定配賦額となる。そのため，製造間接費勘定では借方が差異の分，超過している。そして，この借方の超過分を製造間接費勘定の借方へ振り替える必要がある。そして，そのための仕訳は，次のとおりとなる。

| （借） | 製造間接費配賦差異 | 11,000 | （貸） | 製造間接費 | 11,000 |

　　ここで，製造間接費勘定では製造間接費配賦差異は貸方に記帳されるが，これは上記仕訳における製造間接費の相手科目を記載しているわけであり，このことをもって貸方差異と誤解しないよう注意されたい。

07

製造間接費予算

Summary

1 製造間接費予算には固定予算と変動予算がある。固定予算は基準操業度における予算額を実際操業度における予算額とする方法であり。変動予算は操業度の変化に応じて予算額を変化させる方法である。

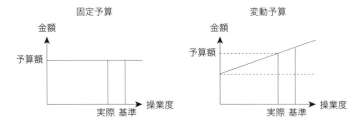

2 変動予算は，次のように求められる変動費率を用いて，当初の予算額から実際操業度に対応した予算額に修正する。

変動費率＝変動費予算額÷基準操業度

たとえば変動費率¥40／時間と固定費¥500で，基準操業度10時間，実際操業度が8時間の場合，予算額は次のとおりとなる。

予算額：¥40／時間×8時間＋¥500＝¥820

3 予算差異は予算額と実際発生額の差異である。そして，固定予算の場合，基準操業度の予算と実際発生額を比較し，変動予算の場合，実際操業度に対応した予算と実際発生額を比較する。

4 操業度差異は実際操業度が予定の操業度である基準操業度に達したか否かによる差異である。そして，固定予算の場合，基準操業度と実際操業度の差異に予定配賦率を乗じ，変動予算の場合，基準操業度と実際操業度の差に固定費率を乗じて求める。なお，固定費率は次のとおりである。

固定費率＝固定費予算額÷基準操業度

問題 1 次の問いに答えなさい。なお，差異を求める問題では，（　）内に差異の有利か不利かを書くこと。

（1）　変動費率¥320／時間，月間固定費¥1,072,000，月間基準操業度4,000時間，月間実際操業度3,800時間であった。このとき実際操業度における変動予算額を計算しなさい。

（2）　（1）のときの製造間接費の実際発生額が¥2,380,000であった。このときの予算差異を答えなさい。

（3）　（1）のときの操業度差異を答えなさい。

（4）　（2），（3）のときの製造間接費配賦差異を答えなさい。

問題 2 福島工場では，製造間接費のデータを次のように見積もっている。配賦基準は直接作業時間であり，基準操業度は5,000時間としている。当月の製造間接費の実際発生額は¥2,201,000であり，実際直接作業時間は4,700時間であった。このとき以下の問いに答えなさい。

〈月次のデータ〉

	変動費率（円/時）	固定費（円）
間接材料費	100	400,000
間接労務費	60	500,000
間接経費	60	300,000
計	220	1,200,000

（1）　予算差異を答えなさい。

（2）　操業度差異を答えなさい。

（3）　解答用紙の製造間接費勘定を完成しなさい。なお，製造間接費配賦差異はどちらかのみに金額を入れること。

解答・解説

(1)	¥	2,288,000
(2)	¥	92,000 (不利)
(3)	¥	53,600 (不利)
(4)	¥	145,600 (不利)

（1）　¥320／時間×3,800時間＋¥1,072,000＝¥2,288,000

（2）　¥2,380,000−¥2,288,000＝¥92,000

　　　実際発生額＞変動予算額のため，不利差異となる。

（3）　（¥1,072,000÷4,000時間）×（4,000時間−3,800時間）＝¥53,600

　　　基準操業度＞実際操業度のため，不利差異となる。

（4）　製造間接費配賦差異＝¥92,000＋¥53,600＝¥145,600

［別解］

　　製造間接費配賦差異は以下の式で求めることもできる。

　　製造間接費配賦差異

$$＝実際発生額−予定配賦額$$

$$＝実際発生額−\left(変動費率＋\frac{固定費}{基準操業度}\right)×実際操業度$$

$$＝¥2,380,000−（¥320／時間＋¥268／時間）×3,800時間$$

$$＝¥145,600$$

(1)	¥	33,000 (有利)
(2)	¥	72,000 (不利)

（1）　予算差異＝¥2,201,000−¥220／時間 ×4,700時間＋¥1,200,000

　　　　　　　＝△¥33,000

　　　実際発生額＜変動予算額のため，有利差異となる。

（2）　固定費率＝￥1,200,000÷5,000時間

　　　　　　　　＝￥240／時間

　　　操業度差異＝￥240／時間×（5,000時間－4,700時間）

　　　　　　　　＝￥72,000

　　基準操業度＞実際操業度のため，不利差異となる。

（3）

製 造 間 接 費

借　　　方	金額	貸　　　方	金額
諸　　　　　口	2,201,000	仕　　掛　　品	2,162,000
製造間接費配賦差異		製造間接費配賦差異	39,000
	2,201,000		2,201,000

　　製造間接費配賦差異＝△￥33,000＋￥72,000

　　　　　　　　　　　＝￥39,000（不利差異）

　　予定配賦額＝（￥220／時間＋￥240／時間）×4,700時間

　　　　　　　＝￥2,162,000

　本問題を図に示すと次のとおりとなる。

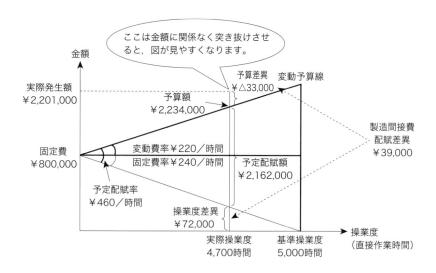

08

部門費計算
ー第1次集計と直接配賦法ー

Summary

1 部門費計算は，原価管理と製品原価の計算を正確に行うことを目的に，費目別計算を行った後，原価部門別に原価を分類集計する手続きであり，原価計算における第二次の計算段階である。

2 原価部門は，製造部門と補助部門に区分される。製造部門は直接製造作業の行われる部門であり，補助部門は製造部門に対して補助的関係にある部門である。

3 原価の部門費計算では，発生した原価の全部または一部が必要に応じて各部門に集計される。個別原価計算においては製造間接費だけを部門別に集計する場合がある。

4 部門費の計算では，部門費の第1次集計と第2次集計に分けて計算が行われる。第1次集計では，製造間接費が部門個別費と部門共通費に分類され，部門個別費は，その発生額が当該部門に直課される。部門共通費は，適当な配賦基準によって部門間に配賦される。

5 第2次集計では，補助部門に集計された補助部門費を適当な配賦基準によって各製造部門に配賦し，製造部門費を計算する。

6 第2次集計の直接配賦法では，補助部門間のサービスの授受を無視し，製造部門に対してのみサービスを提供したかのように配賦を行う。

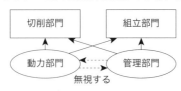

問題 以下の＜資料＞にもとづいて，部門費の第1次集計および第2次集計を行い，製造間接費部門別配賦表を完成しなさい。なお，補助部門費の配賦は直接配賦法による。

＜資料＞

1．部門個別費

(単位：千円)

	切　　削　　部	組　　立　　部	動　　力　　部	管　　理　　部
間接材料費	10,000	5,000	3,200	2,600
間接労務費	7,000	5,200	2,550	3,350
間 接 経 費	6,000	4,300	2,600	2,000
合　　　　計	23,000	14,500	8,350	7,950

2．部門共通費

建物減価償却費：18,000千円

電力料：12,000千円

3．配賦基準に関するデータ

	切　　削　　部	組　　立　　部	動　　力　　部	管　　理　　部
従 業 員 数	13人	11人	4人	2人
専 有 面 積	400m^2	375m^2	175m^2	50m^2
電力消費量	200kwh	125kwh	50kwh	25kwh

4．製造部門から各製品への配賦については，直接作業時間を配賦基準としている。当月の部門別実際直接作業時間は次のとおりである。

切削部門：2,470時間

組立部門：2,150時間

解答・解説

製造間接費部門別配賦表

(単位：千円)

	合　　計	切 削 部	組 立 部	動 力 部	管 理 部
部 門 個 別 費	53,800	23,000	14,500	8,350	7,950
部 門 共 通 費	——	——	——	——	——
減 価 償 却 費	18,000	7,200	6,750	3,150	900
電　力　料	12,000	6,000	3,750	1,500	750
部 門 費 合 計	83,800	36,200	25,000	13,000	9,600
動 力 部 費	13,000	8,000	5,000		
管 理 部 費	9,600	5,200	4,400		
製 造 部 門 費	83,800	49,400	34,400		
部 門 別 配 賦 率	——	@　　20	@　　16		

　第1次集計は，部門個別費を直課し，部門共通費を配賦する。部門個別費については資料の合計値を解答欄に書き写すだけである。部門共通費については，建物減価償却費については配賦基準として専有面積を，電力料については電力消費量を使って各部門に配賦する。

　　建物減価償却費配賦率 ＝ 18,000千円 ÷ 1,000m² ＝ 18千円／m²
　　　切削部への配賦額 ＝ 18千円／m² × 400m² ＝ 7,200千円
　　　組立部への配賦額 ＝ 18千円／m² × 375m² ＝ 6,750千円
　　　動力部への配賦額 ＝ 18千円／m² × 175m² ＝ 3,150千円
　　　管理部への配賦額 ＝ 18千円／m² × 50m² ＝ 900千円
　　電力料配賦率 ＝ 12,000千円 ÷ 400kwh ＝ 30千円／kwh
　　　切削部への配賦額 ＝ 30千円／kwh × 200kwh ＝ 6,000千円
　　　組立部への配賦額 ＝ 30千円／kwh × 125kwh ＝ 3,750千円
　　　動力部への配賦額 ＝ 30千円／kwh × 50kwh ＝ 1,500千円
　　　管理部への配賦額 ＝ 30千円／kwh × 25kwh ＝ 750千円
　第1次集計の部門費合計は以下のとおりになる。

切削部費 = 23,000千円 + 7,200千円 + 6,000千円 = 36,200千円

組立部費 = 14,500千円 + 6,750千円 + 3,750千円 = 25,000千円

動力部費 = 8,350千円 + 3,150千円 + 1,500千円 = 13,000千円

管理部費 = 7,950千円 + 900千円 + 750千円 = 9,600千円

　第2次集計では，補助部門である動力部と管理部に集計された部門費を，製造部門である切削部と組立部に配賦する。直接配賦法を用いる場合，補助部門間でのサービスの授受は考慮しないため，製造部門の配賦基準量だけを計算上考慮する。動力部門費の配賦基準には電力消費量，管理部門費の配賦基準には従業員数を用いる。

動力部費配賦率 = 13,000千円 ÷ 325kwh = 40千円／kwh

　切削部への配賦額 = 40千円／kwh × 200kwh = 8,000千円

　組立部への配賦額 = 40千円／kwh × 125kwh = 5,000千円

管理部費配賦率 = 9,600千円 ÷ 24人 = 400千円／人

　切削部への配賦額 = 400千円／人 × 13人 = 5,200千円

　組立部への配賦額 = 400千円／人 × 11人 = 4,400千円

　したがって，

切削部費 = 36,200千円 + 8,000千円 + 5,200千円 = 49,400千円

組立部費 = 25,000千円 + 5,000千円 + 4,400千円 = 34,400千円

となり，部門別配賦率は次のとおりとなる。

切削部費配賦率 = 49,400千円 ÷ 2,470時間 = 20千円／時

組立部費配賦率 = 34,400千円 ÷ 2,150時間 = 16千円／時

09

部門費計算
―相互配賦法（簡便法）―

Summary

1 部門費計算における第2次集計の相互配賦法（簡便法）では，第1次配賦では補助部門間のサービスの授受を考慮し，製造部門への配賦に加えて補助部門間への配賦も行う。

2 第2次配賦では補助部門間のサービスの授受を無視し，製造部門に対してのみサービスを提供したかのように配賦を行う。

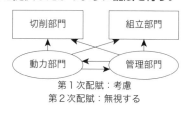

第1次配賦：考慮
第2次配賦：無視する

□□ **問題 1** 次の文の下線部について，妥当であれば○印を，妥当でなければ×印を解答用紙の解答欄に記入しなさい。

1．原価の部門別計算とは，費目別計算において把握された原価要素を，原価部門別に分類集計する手続きをいい，原価計算における <u>第一次</u> の計算段階である。

2．製造部門とは，直接製造作業の行われる部門をいい，製造部門に対して補助的関係にある部門を <u>補助部門</u> という。

3．当該部門において発生したことが直接的に認識される原価要素を， <u>部門共通費</u> という。

□□ 問題 2 　以下の＜資料＞にもとづいて，部門費の第2次集計を行い，製造間接費部門別配賦表を完成しなさい。なお，補助部門費の配賦は相互配賦法（簡便法）による。

＜資料＞

1．第1次集計額

切削部：70,200千円　　　　組立部：65,500千円

動力部：51,700千円　　　　管理部：31,000千円

2．配賦基準に関するデータ

	切　削　部	組　立　部	動　力　部	管　理　部
従 業 員 数	12人	10人	9人	4人
電 力 消 費 量	300kwh	150kwh	50kwh	20kwh

3．製造部門から各製品への配賦については，直接作業時間を配賦基準としている。当月の部門別実際直接作業時間は次のとおりである。

切削部：2,550時間　組立部：2,400時間

□□ 問題 3 　以下に記した取引について，次の中から最も適当と思われる勘定科目を用いて仕訳しなさい。

第 1 製 造 部	第 2 製 造 部	A 補 助 部	B 補 助 部

A補助部門費￥865,000，B補助部門費￥594,000を下記の割合で各製造部門に振り替えた。

A補助部門費　第1製造部門：60％　第2製造部門：40％

B補助部門費　第1製造部門：30％　第2製造部門：70％

解答・解説

問題 1

1	2	3
×	○	×

1．は第二次の計算手続きであり，3．は部門個別費である。

問題 2

製造間接費部門別配賦表

（単位：千円）

	合　　計	切　削　部	組　立　部	動　力　部	管　理　部
部　　門　　費	218,400	70,200	65,500	51,700	31,000
第 1 次 配 賦	———		———		———
動 力 部 費	51,700	33,000	16,500	———	2,200
管 理 部 費	31,000	12,000	10,000	9,000	———
第 2 次 配 賦	———	———	———	9,000	2,200
動 力 部 費	9,000	6,000	3,000		
管 理 部 費	2,200	1,200	1,000		
製 造 部 門 費	218,400	122,400	96,000		
部 門 別 配 賦 率	———	@　　48	@　　40		

　　第 2 次集計では，補助部門である動力部・管理部に集計された部門費を，製造部門である切削部・組立部に配賦する。相互配賦法（簡便法）を用いる場合，第 1 次配賦では補助部門間でのサービスの授受を考慮し配賦を行う。動力部門費の配賦基準には電力消費量，管理部門費の配賦基準には従業員数を用いる。

　　動力部費配賦率＝51,700千円÷470kwh＝110千円／kwh

　　　切削部への配賦額＝110千円／kwh×300kwh＝33,000千円

　　　組立部への配賦額＝110千円／kwh×150kwh＝16,500千円

　　　管理部への配賦額＝110千円／kwh×20kwh＝2,200千円

　　管理部費配賦率＝31,000千円÷31人＝1,000千円／人

　　　切削部への配賦額＝1,000千円／人×12人＝12,000千円

組立部への配賦額＝1,000千円／人×10人＝10,000千円

動力部への配賦額＝1,000千円／人×9人＝9,000千円

第2次配賦では，補助部門間でのサービスの授受は考慮しないため，製造部門の配賦基準量だけを計算上考慮する。

動力部費配賦率＝9,000千円÷450kwh＝20千円／kwh

切削部への配賦額＝20千円／kwh×300kwh＝6,000千円

組立部への配賦額＝20千円／kwh×150kwh＝3,000千円

管理部費配賦率＝2,200千円÷22人＝100千円／人

切削部への配賦額＝100千円／人×12人＝1,200千円

組立部への配賦額＝100千円／人×10人＝1,000千円

したがって，

切削部費＝70,200千円＋33,000千円＋12,000千円＋6,000千円＋1,200千円
　　　　＝122,400千円

組立部費＝65,500千円＋16,500千円＋10,000千円＋3,000千円＋1,000千円
　　　　＝96,000千円

となり，部門別配賦率は次のとおりとなる。

切削部費配賦率＝122,400千円÷2,550時間＝48千円／時間

組立部費配賦率＝96,000千円÷2,400時間＝40千円／時間

問題 3

借方科目	金額	貸方科目	金額
第 1 製 造 部	697,200	A 補 助 部	865,000
第 2 製 造 部	761,800	B 補 助 部	594,000

A補助部費

第1製造部費＝¥865,000×60％＝¥519,000

第2製造部費＝¥865,000×40％＝¥346,000

B補助部費

第1製造部費＝¥594,000×30％＝¥178,200

第2製造部費＝¥594,000×70％＝¥415,800

よって，各製造部門への配賦額は解答のとおりとなる。

10 個別原価計算の意義と記帳

Summary

1 個別原価計算は，船舶や建築物，ソフトウェアのような注文を受けてから製品を生産する場合に適用される原価計算である。

2 個別原価計算にあっては，特定製造指図書について個別的に直接費および間接費を集計し，製品原価は，これを当該指図書に含まれる製品の生産完了時に算定する。

3 個別原価計算における直接費は，発生のつど又は定期的に整理分類して，これを当該指図書に賦課する。

4 直接材料費は，当該指図書に関する実際消費量に，その消費価格を乗じて計算する。

5 直接労務費は，当該指図書に関する実際の作業時間又は作業量に，その賃率を乗じて計算する。

6 直接経費は，原則として当該指図書に関する実際発生額をもって計算する。

7 個別原価計算における間接費は，原則として予定配賦率をもって各指図書に配賦する。

8 個別原価計算には，製造間接費を部門別に計算する部門別個別原価計算と，それを行わない単純個別原価計算がある。

□□ **問題 1** 次の文の下線部について，妥当であれば○印を，妥当でなければ×印を解答用紙の解答欄に記入しなさい。

1．個別原価計算にあっては，<u>継続製造指図書</u>について個別的に直接費および間接費を集計し，製品原価は，これを当該指図書に含まれる製品の生産完了時に算定する。

2．個別原価計算における間接費は，原則として実際配賦率をもって各指図書に配賦する。

3．個別原価計算には，製造間接費を部門別に計算しない単純個別原価計算がある。

□□ **問題 2** 以下に記した1～8の取引について，次の中から最も適当と思われる勘定科目を用いて仕訳しなさい。なお，当社は個別原価計算制度を採用しており，当月は製造指図書＃101～＃103の製品を製造した。

売 掛 金	素 材	賃 金 給 料	外 注 加 工 賃
減 価 償 却 費	製 造 間 接 費	製 品	仕 掛 品
製 造 間 接 費 配 賦 差 異	売 上	売 上 原 価	買 掛 金

1．素材を次のとおり消費した。素材の実際消費価格は¥800／kgである。

　　＃101：80kg　＃102：60kg　＃103：30kg

　　指図書番号なし：10kg

2．直接工の賃金消費高を次の作業時間によって計上した。実際消費賃率は¥1,200／時間である。

　　＃101：24時間　＃102：35時間　＃103：14時間

　　指図書番号なし：8時間

3．外注加工賃の当月消費額は次のとおりであり，外注加工賃勘定から適当な勘定へ振り替えた。

　　＃101：¥30,000　＃102：¥18,000

4．当月分の減価償却費¥28,000を製造間接費として計上した。

5．製造間接費を直接作業時間にもとづいて予定配賦した。なお，予定配賦率は¥600／時間である。

6．製造間接費の予定配賦高と実際消費高との差額を製造間接費配賦差異勘定に振り替えた。

7．製造指図書＃101と＃102の製品が完成した。なお，＃101の製品は前月から着手しており，前月着手分の原価は¥40,000であった。

8．製造指図書＃101の製品について，販売価格¥300,000で顧客に引き渡し，代金は掛けとした。なお，売上原価も同時に計上した。

□□ 問題3 問題2 の取引を参照して原価計算表を完成しなさい。

解答・解説

問題1

1	2	3
×	×	○

1.は特定製造指図書であり，2.は予定配賦率である。

問題2

	借方科目	金額	貸方科目	金額
1	仕 掛 品	136,000	素 材	144,000
	製 造 間 接 費	8,000		
2	仕 掛 品	87,600	賃 金 給 料	97,200
	製 造 間 接 費	9,600		
3	仕 掛 品	48,000	外 注 加 工 賃	48,000
4	製 造 間 接 費	28,000	減 価 償 却 費	28,000
5	仕 掛 品	43,800	製 造 間 接 費	43,800
6	製造間接費配賦差異	1,800	製 造 間 接 費	1,800
7	製 品	306,200	仕 掛 品	306,200
8	売 掛 金	300,000	売 上	300,000
	売 上 原 価	177,200	製 品	177,200

1. 指図書番号なしの消費分は間接費となるため，製造間接費勘定へ振り替える。2.も同様である。

3. 外注加工賃は直接経費のため，仕掛品勘定へ振り替える。なお，ユニット5では，外注加工賃が発生するたびに外注加工賃勘定に記帳するとともに仕掛品勘定へ振り替える方法を説明したが，外注加工賃を支払った時点で外注加工賃勘定に記帳するにとどめ，月末に消費額を仕掛品勘定へ振り替える方法もある。本問では，後者の方法を想定している。

5. 予定配賦額は，¥600／時間×（24時間＋35時間＋14時間）＝¥43,800で

ある。

6. 実際発生額は，¥8,000＋¥9,600＋¥28,000＝¥45,600となり，予定配賦額との差額¥1,800が製造間接費配賦差異となる。なお，実際が予定を超過しているため借方差異（不利差異）となる。

問題 **3** ‥‥

<u>原価計算表</u>

（単位：円）

摘要	#101	#102	#103
月初仕掛品原価	40,000	——	——
直 接 材 料 費	64,000	48,000	24,000
直 接 労 務 費	28,800	42,000	16,800
直 接 経 費	30,000	18,000	——
製 造 間 接 費	14,400	21,000	8,400
合 計	177,200	129,000	49,200
備 考	完成・引渡済	完成	仕掛中

　直接材料費は指図書別の消費量に消費価格を乗じて求め，直接労務費は指図書別の直接作業時間に消費賃率を乗じて求める。また，製造間接費は予定配賦しているため，指図書番号別の予定配賦額を記入する。

11 個別原価計算における作業くず・仕損の処理と評価

Summary

1 仕損品とは，加工に失敗するなどして規格や品質基準に達しない製品をいう。

2 仕損が補修によって回復でき，補修のために補修指図書を発行する場合には，補修指図書に集計された製造原価を仕損費とする。

3 仕損が補修によって回復できず，代品を製造するために新たに製造指図書を発行する場合において，旧製造指図書の全部が仕損となったときは，旧製造指図書に集計された製造原価を仕損費とする。

4 **3**の場合において，旧製造指図書の一部が仕損となったときは，新製造指図書に集計された製造原価を仕損費とする。

5 代品を製造する場合において，仕損品が売却または利用価値を有する場合には，その見積額を控除した額を仕損費とする。

仕損費＝仕損品に集計された原価－仕損品の処分価値

6 作業くずは，総合原価計算の場合に準じて評価し，その発生部門の部門費から控除する。ただし，必要がある場合には，これを当該製造指図書の直接材料費または製造原価から控除することができる。

原価計算表（記入例）

摘要	#101	#102	#103	#101-R	#103-2
…	…	…	…	…	…
作業くず評価額	－	△XXX	－	－	－
仕損品評価額	－	－	△XXX	－	－
仕損費振替額	XXX	－	△XXX	△XXX	XXX
計	XXX	XXX	0	0	XXX
備考	完成	完成	#103-2へ賦課	#101へ賦課	完成

問題 1 次の文の下線部について，妥当であれば○印を，妥当でなければ×印を解答用紙の解答欄に記入しなさい。

1. 個別原価計算において，仕損が発生し，補修のために補修指図書を発行する場合，旧製造指図書に集計された製造原価を仕損費とする。

2. 個別原価計算において，仕損が発生し，代品を製造するために新たに製造指図書を発行する場合，旧製造指図書の全部が仕損となったときは，旧製造指図書に集計された製造原価を仕損費とする。

3. 個別原価計算において，作業くずはこれを総合原価計算の場合に準じて評価し，原則として，その発生部門の直接材料費から控除する。

問題 2 以下に記した 1 ～ 3 の取引について，次の中から最も適当と思われる勘定科目を用いて仕訳しなさい。

仕 損 費　　仕 掛 品　　仕 損 品　　作 業 く ず

1. 製造指図書＃111が全部仕損となり，新たに代品を製造するために製造指図書＃111-1を発行した。製造指図書＃111に集計された製造原価は¥467,000であり，ここから仕損品の見積売却額¥27,000を仕損品に振り替えるとともに，残額を仕損費勘定に振り替えた。

2. 製造指図書＃112の製造中に，作業くず5kgが発生し，その評価額は¥6,000であった。この作業くずの評価額は，製造指図書＃112の製造原価より控除するものとする。

3. 製造指図書＃113には補修を要する仕損が発生したため，補修製造指図書＃113-Rを発行した。補修指図書＃113-Rに集計された製造原価は¥39,000であり，これを仕損費勘定に振り替えた。

問題 3 以下の<資料>にもとづいて，原価計算表を完成しなさい。なお，当社は個別原価計算制度を採用しており，当月は製造指図書＃101，＃102，＃103の製造を行った。

<資料>
1. 製造間接費は機械稼働時間を基準に正常配賦しており，正常配賦率は

¥240／時間である。なお，指図書番号別の機械稼働時間は次のとおり
である。

#101	#102	#103	#101-R	#103-2
1,850時間	1,620時間	900時間	80時間	1,400時間

2. 製造指図書#101の製品について，軽微な仕損が発生したため補修指
図書#101-Rを発行して補修を行った。また，製造指図書#103の製品
について，全部が仕損となったため，代品指図書#103-2を発行して代
品を製造した。なお，当該仕損品の評価額は¥20,000であった。さらに，
製造指図書#102の製品を加工中に作業くずが発生し，その評価額は
¥4,000であった。

解答・解説

問題 **1**

1	2	3
×	○	×

　1.は補修指図書に集計された金額であり，**3.**は部門費から控除する。

問題 **2**

	借方科目	金額	貸方科目	金額
1	仕　損　品	27,000	仕　掛　品	467,000
	仕　損　費	440,000		
2	作　業　く　ず	6,000	仕　掛　品	6,000
3	仕　損　費	39,000	仕　掛　品	39,000

原価計算表

(単位:円)

摘　　　要	#101	#102	#103	#101-R	#103-2
直接材料費	300,000	280,000	160,000	4,000	230,000
直接労務費	100,000	90,000	50,000	1,000	80,000
直接経費	20,000	10,000	5,000	2,000	14,000
製造間接費	444,000	388,800	216,000	19,200	336,000
小　　　計	864,000	768,800	431,000	26,200	660,000
作業くず評価額	——	△4,000	——	——	——
仕損品評価額	——	——	△20,000	——	——
仕損費振替額	26,200	——	△411,000	△26,200	411,000
合　　　計	890,200	764,800	0	0	1,071,000
備　　　考	完成	完成	#103-2へ賦課	#101へ賦課	完成

　製造間接費は，正常配賦率に指図書別の機械稼働時間をかけて求めればよい。

　製造指図書#101の製品を製造中で補修が必要となったが，補修に要した原価は補修指図書#101-Rに集計された¥26,200であり，これが仕損費となる。そして，この¥26,200は製造指図書#101の原価に加算する。

　また，製造指図書#103の製品は製造中にすべて失敗したため，その時点までに集計された原価の¥431,000から評価額の¥20,000を差し引いた金額¥411,000が仕損費となり，代品となる製造指図書#103-2の原価に加算する。

　製造指図書#102の製品を製造中に作業くずが生じているが，処分価格¥4,000が見込まれるため，その分を原価から差し引く。

12 総合原価計算の意義と記帳

Summary

1 総合原価計算は，市場で販売される製品を連続的に生産する場合に適用される原価計算である。この場合，製品原価を個別に計算することは非効率であるため，月末に1ヵ月分の完成品総合原価を求め，それを生産量で割ることで完成品単位原価を計算する。

2 総合原価計算では，原価要素を直接材料費とそれ以外に分類し，直接材料費以外の原価要素群を加工費という。

3 連続生産では，1単位の製品を製造するために必要な直接材料は生産開始前にすべて用意しなければならない。そのため，通常，直接材料は工程の始点ですべて投入されるとみなして直接材料費を計算する。

4 一方，加工費は加工作業に応じて発生するため，特に月末仕掛品の加工費を計算する際には加工作業の進み具合いを考慮しなければならない。なお，加工作業の進み具合いを加工進捗度といい，数量に加工進捗度を乗じたものを完成品換算量という。

5 当月製造費用（1ヵ月分の直接材料費と加工費）を集計した後，それを完成品と月末仕掛品に配分するが，原価配分の方法には先入先出法と平均法がある。

6 仕訳や勘定への転記は個別原価計算の時と同じ形態となる。なお，通常，記帳は月末に1ヵ月分をまとめて行うこととなる。

問題 株式会社岩手製作所は製品Aを連続生産しており，実際単純総合原価計算を採用している。次の＜資料＞にもとづいて，（1）先入先出法による場合，（2）平均法による場合の仕掛品勘定を完成しなさい。また，当月の製品A単位原価も答えなさい。

＜資料＞

1．生産データ

月 初 仕 掛 品	500個	（加工進捗度：0.4）
当 期 投 入 量	900個	
合　　　　計	1,400個	
月 末 仕 掛 品	400個	（加工進捗度：0.6）
完　成　品	1,000個	

2．原価データ

	直接材料費	加工費
月初仕掛品原価	¥138,200	¥138,800
当 月 製 造 費 用	¥253,800	¥754,000

3．直接材料は製造開始時点ですべて投入されている。

解答・解説

（1）

仕　掛　品

借　　　　方	金額	貸　　　　方	金額
前 月 繰 越	277,000	製　　　　品	998,000
材　　　　料	253,800	次 月 繰 越	286,800
諸　　　　口	754,000		
	1,284,800		1,284,800

当月の製品Ａ単位原価	￥	998

先入先出法による場合，直接材料費は次のように配分される。

また，加工費は次のように配分される。

その結果，完成品総合原価は

$$￥279,200 ＋ ￥718,800 ＝ ￥998,000$$

となる。そして，完成品単位原価は

$$￥998,000 ÷ 1,000個 ＝ ￥998／個$$

となる。また，月末仕掛品原価は￥112,800＋￥174,000＝￥286,800となる。

仕掛品勘定の前月繰越には月初仕掛品原価を記入し，￥138,200＋￥138,800＝￥277,000となる。また，材料勘定からの振替額は直接材料費を意味するため￥253,800となる。そして，加工費は賃金勘定などからの振

替額となるため，諸口の欄に¥754,000を記入する。

製品勘定への振替額は完成品総合原価の¥998,000を記入し，次月繰越には月末仕掛品原価の¥112,800＋¥174,000＝¥286,800を記入する。

（2）

仕　掛　品

借　　　方	金額	貸　　　方	金額
前　月　繰　越	277,000	製　　　　　品	1,000,000
材　　　　料	253,800	次　月　繰　越	284,800
諸　　　　口	754,000		
	1,284,800		1,284,800

当月の製品A単位原価	¥	1,000

平均法による場合，直接材料費は次のように配分される。

直接材料費

また，加工費は次のように配分される。

加工費

先入先出法の時と同様の計算により，完成品総合原価は¥1,000,000となり，完成品単位原価は¥1,000／個となる。また，月末仕掛品原価は¥284,800である。

勘定記入について，借方は先入先出法と変わらず，貸方は平均法による完成品総合原価と月末仕掛品原価を記入する。

13 総合原価計算における仕損・減損の処理と評価

Summary

1 製造においては，仕損品とよばれる何らかの理由で失敗した不完全品が発生する。また，加工作業中の蒸発・紛散などによって，材料がなくなることがある。これを減損という。

2 仕損は，正常仕損と火災などによって発生した異常仕損がある。また，正常仕損の処理方法には，度外視法と非度外視法があるが，「原価計算基準」では度外視法が想定されている（25）。なお，全経1級では正常仕損の度外視法のみが出題され，それ以外の方法は全経上級から出題されるため，ここでは正常仕損の度外視法を解説する。

3 正常仕損分の原価を良品に負担させる方法は，正常仕損の発生点と月末仕掛品の加工進捗度から，次の2とおりに分けられる。

（ア） 正常仕損発生点＞月末仕掛品加工進捗度

正常仕損分の原価は完成品にのみ負担させる。

正常仕損分の数量を差し引きせずに月末仕掛品原価を求め，借方合計額から月末仕掛品原価を引いた金額を完成品総合原価とする。

（イ） 正常仕損発生点＜月末仕掛品加工進捗度

正常仕損分の原価は完成品と月末仕掛品に負担させる。

正常仕損分の数量を差し引きして単価を求め，その単価を完成品と月末仕掛品の数量に掛け，完成品総合原価と月末仕掛品原価とする。

4 仕損品に評価額が生じる場合，**3**の（ア）の場合，評価額を原価配分後の完成品総合原価から差し引き，（イ）の場合，評価額を当月製造費用から差し引いたうえで原価配分を行う。

5 減損については，**2**と**3**における仕損を減損に置き換えればよい。ただし，減損に評価額は生じない。

問題 株式会社岩手製作所は製品Aを連続生産しており，実際単純総合原価計算を採用している。次の＜資料＞にもとづいて，（1）正常減損が工程の終点で発生した場合，（2）正常減損が工程の50％で発生した場合の仕掛品勘定を完成しなさい。また，当月の製品A単位原価も答えなさい。なお，原価配分は平均法とし，計算途中で端数が生じる場合，最終数値の円未満の小数第1位を四捨五入しなさい。

＜資料＞

1．生産データ

月 初 仕 掛 品	500個	（加工進捗度：0.4）
当 期 投 入 量	900個	
合　　　　計	1,400個	
正 常 減 損	200個	
月 末 仕 掛 品	400個	（加工進捗度：0.6）
完 成 品	800個	

2．原価データ

	直接材料費	加工費
月初仕掛品原価	¥138,200	¥138,800
当 月 製 造 費 用	¥253,800	¥754,000

3．直接材料は製造開始時点ですべて投入されている。

解答・解説

（1）

仕　掛　品

借　　方	金額	貸　　方	金額
前 月 繰 越	277,000	製　　　　品	1,000,000
材　　　　料	253,800	次 月 繰 越	284,800
諸　　　　口	754,000		
	1,284,800		1,284,800

当月の製品A単位原価	¥	1,250

　正常減損の発生点が月末仕掛品の加工進捗度より後のため，正常減損分の原価は完成品のみが負担する。その結果，まず，直接材料費は次のように配分される。

直接材料費

月初仕掛品 ¥138,200 （500個）	完成品 ¥280,000 （800個）
当月投入 ¥253,800 （900個） → @¥280 →	月末仕掛品 ¥112,000 （400個）

　正常減損が発生していないユニット12の練習問題（**2**）と同じように見えるが，完成品800個分の直接材料費は，借方合計の¥392,000から月末仕掛品原価の¥112,000を引いて求めていることに注意されたい。

　また，加工費は次のように配分される。

加工費

月初仕掛品 ¥138,800 （200個）	完成品 ¥720,000 （800個）
当月投入 ¥754,000 （1,040個） → @¥720 →	月末仕掛品 ¥172,800 （240個）

　やはり，完成品分の加工費は，借方合計額から月末仕掛品原価を引いて求めることになる。そして，完成品総合原価は¥1,000,000，完成品単位原価は¥1,250／個，月末仕掛品原価は¥284,800となる。

　完成品総合原価や月末仕掛品原価ならびに勘定は正常減損が生じない場合と変わらないが，単位原価は完成品数量の800個で割るため，正常減損が生じていない¥1,000／個から¥1,250／個に¥250増加している。そして，このことは，完成品が正常減損分の原価を負担していることを意味している。

（2）

仕　掛　品

借　　方	金額	貸　　方	金額
前 月 繰 越	277,000	製　　　　品	948,102
材　　　　料	253,800	次 月 繰 越	336,698
諸　　　　口	754,000		
	1,284,800		1,284,800

当月の製品A単位原価	￥	1,185

　正常減損の発生点が月末仕掛品の加工進捗度より前のため，正常減損分の原価は完成品と月末仕掛品が負担する。その結果，まず，直接材料費は次のように配分される。

直接材料費

　また，加工費は次のように配分される。

加工費

　直接材料費の場合，正常減損の200個分を，加工費の場合，正常減損の完成品換算量である100個分を差し引いた数量を用いて単価を求めて，それを完成品と月末仕掛品の数量（加工費の場合は完成品換算量）に掛けることで完成品総合原価と月末仕掛品原価を求める。

14

組別総合原価計算

Summary

1 単品種の製品を連続生産している場合に適用される原価計算を単純総合原価計算という。これに対して，複数品種の製品を連続生産している場合に適用される原価計算が組別総合原価計算である。

2 組別総合原価計算（「原価計算基準」23）では，一原価計算期間の製造費用を組直接費と組間接費に分ける必要があるが，通常，製造直接費が組直接費となり，製造間接費が組間接費となる。なお，原料費を組直接費とし，加工費を組間接費とすることもある。

3 組別総合原価計算の計算手続きは 2 段階あり，まずは，個別原価計算に準じて，組直接費は各組製品に賦課し，組間接費は各組製品へ配賦することで組別に当月製造費用を確定させる。ただし，個別原価計算の場合は特定製造指図書が発行されるのに対し，組別総合原価計算の場合は，他の総合原価計算の場合と同様，継続製造指図書が発行される違いはある。

4 組別の当月製造費用が確定すると，組別に，当月製造費用に月初仕掛品原価を加えた金額（当月総製造費用）を当月完成品と月末仕掛品に先入先出法または平均法によって配分する。

5 たとえば，製造直接費を組直接費，製造間接費を組間接費とした場合，直接労務費と直接経費に組間接費（製造間接費）配賦額を加えた金額が各組製品の加工費となる。そして，直接材料は工程の始点で投入されるものとすると，組別に，直接材料費は数量にもとづいて，加工費は加工進捗度を加味した完成品換算量にもとづいて配分計算を行う。

6 組間接費の配賦は正常配賦（予定配賦）が望ましいとされている。

問題 高知株式会社は，組製品ＡとＢを連続生産し，組別総合原価計算を採用している。次の＜資料＞にもとづいて，組別原価計算表を完成しなさい。

＜資料＞

1．生産データ

	A組製品		B組製品	
月 初 仕 掛 品	200個	(0.5)	300個	(0.5)
当 月 投 入	4,800個		4,200個	
合 計	5,000個		4,500個	
月 末 仕 掛 品	800個	(0.5)	300個	(0.4)
完 成 品	4,200個		4,200個	

〔注〕（ ）内の数値は加工進捗度を示している。

2．原価データ

	A組製品	B組製品
月初仕掛品原価		
直 接 材 料 費	¥ 200,000	¥ 250,000
加 工 費	¥ 116,000	¥ 174,400
当 月 製 造 費 用		
直 接 材 料 費	¥ 4,500,000	¥ 3,800,000
直 接 労 務 費	¥ 1,100,000	¥ 1,500,000
直 接 経 費	¥ 2,200,000	¥ 800,000

3．その他計算条件

（1） 直接材料はすべて工程の始点で投入されている。

（2） 製造間接費（組間接費）は，当月実際発生額¥2,500,000を直接作業時間にもとづいて実際配賦する。なお，当月の直接作業時間は，製品Aが400時間であり，製品Bが600時間であった。

（3） 原価配分は平均法による。

組別原価計算表

摘　　要	A　組　製　品		B　組　製　品	
月 初 仕 掛 品				
直 接 材 料 費	¥　200,000		¥　250,000	
加　工　費	116,000	316,000	174,400	424,400
当 月 製 造 費 用				
組　直　接　費				
直 接 材 料 費	4,500,000		3,800,000	
直 接 労 務 費	1,100,000		1,500,000	
直 接 経 費	2,200,000		800,000	
組間接費配賦額	1,000,000	8,800,000	1,500,000	7,600,000
合　　　　計		9,116,000		8,024,400
月 末 仕 掛 品				
直 接 材 料 費	752,000		270,000	
加　工　費	384,000	1,136,000	110,400	380,400
完 成 品 原 価		7,980,000		7,644,000
完 成 品 数 量		4,200個		4,200個
単 位 原 価		@¥　1,900		@¥　1,820

　まず，組間接費の配賦額を計算する。製造間接費が組間接費となり，製造間接費は直接作業時間にもとづいて実際配賦しているため，実際配賦率は¥2,500,000÷（400時間＋600時間）＝¥2,500／時間となり，配賦額は，A組製品が¥1,000,000，B組製品が¥1,500,000となる。

　組間接費の配賦額に直接労務費と直接経費を加えた金額が加工費となり，加工費は，A組製品が¥4,300,000，B組製品が¥3,800,000となる。

　組別に加工費の金額が確定すれば，あとは組別に，単純総合原価計算と同じ手続きを行えばよいだけである。なお，その方法は，すでにユニット12にて解説したとおりであり，原価配分を平均法で行うのであれば，仕掛品勘定の借方合計額を意味する総製造費用（＝月初仕掛品原価＋当月製造費用）の平均単価を求め，それを完成品数量と月末仕掛品数量（加工費の場合は完成品換算量）に掛けることで完成品度総合原価と月末仕掛品原価

を求めればよい。

　なお，以下では，原価計算表にならい，まずは月末仕掛品原価を求め，それを総製造費用から差し引くことで完成品総合原価を求める方法にて解説する。いずれの方法であれ，月末仕掛品原価を求める点までは同じであり，平均単価を完成品数量にかけるか，総製造費用から月末仕掛品原価を差し引くかの違いだけで，大きな違いはないが，状況に応じて計算しやすい方法を選択されるとよいであろう。

　原価配分は平均法であり，月末仕掛品の加工費は，

$$A組：(¥116,000 + ¥4,300,000) \times \frac{800個 \times 0.5}{4,200個 + 800個 \times 0.5} = ¥384,000$$

$$B組：(¥174,400 + ¥3,800,000) \times \frac{300個 \times 0.4}{4,200個 + 300個 \times 0.4} = ¥110,400$$

となる。また，月末仕掛品の直接材料費は，

$$A組：(¥200,000 + ¥4,500,000) \times \frac{800個}{4,200個 + 800個} = ¥752,000$$

$$B組：(¥250,000 + ¥3,800,000) \times \frac{300個}{4,200個 + 300個} = ¥270,000$$

となる。よって，月末仕掛品原価は，A組が¥1,136,000，B組が¥380,400となる。したがって，完成品総合原価は，

$$A組：(¥316,000 + ¥8,800,000) - ¥1,136,000 = ¥7,980,000$$

$$B組：(¥424,400 + ¥7,600,000) - ¥380,400 = ¥7,644,000$$

となる。そして，これを完成品の数量で割ることで完成品単位原価が求められ，次のようになる。

$$A組：¥7,980,000 ÷ 4,200個 = ¥1,900／個$$

$$B組：¥7,644,000 ÷ 4,200個 = ¥1,820／個$$

　以上を原価計算表に記入することで解答を得る。

15

等級別総合原価計算

Summary

1 同種製品を連続生産しているものの，その製品を，形状，大きさ，品位等によって区別している場合，等級別総合原価計算が適用される。

2 等級別総合原価計算の方法としては，完成品総合原価を各等級製品にあん分する方法（「原価計算基準」22（1））と，当月製造費用を各等級製品にあん分する方法（「原価計算基準」22（2））がある。なお，全経1級では前者の方法が出題され，後者の方法は上級から出題されるため，ここでは前者の方法のみを解説する。

3 完成品総合原価を各等級製品にあん分する方法は単純総合原価計算に近い方法といわれることもあり，まずは，あたかも等級別になっていない製品を連続生産しているかのように完成品総合原価を求める。

4 その後，完成品総合原価を，積数の比（等価比率）にもとづいて各等級製品にあん分する。ここで，積数とは，等級製品別に設定された等価係数に各等級製品の生産量を掛けた数値である。

5 等価係数は，重量などアウトプットの特性にもとづいて設定され，通常，任意の1つの等級製品を基準とし，その製品の等価係数を1とする。そして，基準となる等級製品に対してそれ以外の等級製品の重量などが何倍になっているかを示す数値として等価係数を設定する。

6 たとえば，等級製品AとBについて，重量を等価係数とし，重量は，Aが1kg，Bが2kg，生産量は，Aが10個，Bが3個とする。Aを基準とすれば，等価係数は，Aが1，Bが2となり，積数は，Aが10，Bが6となる。そして，完成品総合原価が1,000千円であれば，完成品総合原価は，Aが625千円，Bが375千円とあん分されることになる。

□□ 問題 株式会社三重製作所は，等級製品ＡとＢを連続生産し，等級別原価計算を採用している。以下の＜資料＞にもとづいて，総合原価計算表と等級別原価計算表を完成しなさい。なお，等級別計算の方法は，まず，単純総合原価計算により，仕掛品勘定でいったん全体の完成品総合原価を総合原価計算表により計算し，次に等級別原価計算表を用いて完成品総合原価を等級別にあん分する方法による。

＜資料＞

1．生産データ

月 初 仕 掛 品　　　320個　　（加工進捗度：0.5）
当 期 投 入 量　　1,280個
合　　　　　計　　1,600個
月 末 仕 掛 品　　　600個　　（加工進捗度：0.5）
完　　成　　品　　1,000個

2．原価データ

	直接材料費	加工費
月初仕掛品原価	¥480,000	¥493,000
当月製造費用	¥1,760,000	¥3,693,000

3．月末仕掛品の評価は平均法による。

4．完成品総合原価をあん分するにあたり，等価係数は各等級製品の重量を基準に設定している。各等級製品の重量と数量は以下のとおりである。なお，Ｂ製品の等価係数を１とする。

等級製品	1個当たりの重量	当月完成品数量
Ａ 製 品	2,000g	400個
Ｂ 製 品	1,000g	600個

解答・解説

総合原価計算表

(単位：円)

摘　　　要	直 接 材 料 費	加 工 費	合 　　　計
月初仕掛品原価	480,000	493,000	973,000
当 月 製 造 費 用	1,760,000	3,693,000	5,453,000
合 　　計	2,240,000	4,186,000	6,426,000
月末仕掛品原価	840,000	966,000	1,806,000
完成品総合原価	1,400,000	3,220,000	4,620,000
完成品単位原価	@　　　1,400	@　　　3,220	@　　　4,620

等級別原価計算表

製品	重量	等価係数	完成品数量	積数	あん分原価	単位原価
A	2,000g	2	400個	800	¥ 2,640,000	@¥6,600
B	1,000g	1	600個	600	¥ 1,980,000	@¥3,300
				1,400	¥ 4,620,000	

　本ユニットも，前ユニットと同じように，総製造費用から月末仕掛品原価を差し引くことで完成品総合原価を求める方法にて解説する。

　原価配分は平均法であり，月末仕掛品の直接材料費は，

$$(\yen480,000 + \yen1,760,000) \times \frac{600個}{1,000個 + 600個} = \yen840,000$$

となる。また，月末仕掛品の加工費は，

$$(\yen493,000 + \yen3,693,000) \times \frac{600個 \times 0.5}{1,000個 + 600個 \times 0.5} = \yen966,000$$

となる。よって，月末仕掛品原価は¥1,806,000となる。

　したがって，完成品の直接材料費は，

$$(\yen480,000 + \yen1,760,000) - \yen840,000 = \yen1,400,000$$

となり，その単価は，

$$\yen1,400,000 \div 1,000個 = \yen1,400／個$$

となる。また，完成品の加工費は

（¥493,000 ＋ ¥3,693,000） － ¥966,000 ＝ ¥3,220,000

となり，その単価は

¥3,220,000 ÷ 1,000個 ＝ ¥3,220／個

となる。その結果，完成品総合原価は¥4,620,000となり，完成品単位原価は¥4,620／個となる。

　等級別の計算は，完成品総合原価の¥4,620,000をA製品とB製品の積数の比にもとづいてあん分する方法による。そして，問題文の条件より，重量が等価係数となり，B製品の等価係数を1とするため，A製品の等価係数は，重量が2倍であることから2となる。そして，積数は，A製品が2×400個＝800，B製品が1×600個＝600となる。すなわち，A製品の400個はB製品に換算すると800個分であり，B製品のみを生産していたとすると，当月の総生産量は1,400個に相当することを意味している。このように，等級別の計算では，各等級製品の生産量を単純に足すことはできないため，積数（基準となる製品に換算した生産量）に置き換えなければならないわけである。

　その結果，各製品の完成品総合原価は次のとおりとなる。

A製品：$¥4,620,000 \times \dfrac{800}{800+600} = ¥2,640,000$

B製品：$¥4,620,000 \times \dfrac{600}{800+600} = ¥1,980,000$

　最後に，各製品の総合原価を各製品の完成品数量で割ると，それぞれの単価を計算できる。次のとおりとなる

A製品：¥2,640,000 ÷ 400個 ＝ ¥6,600／個

B製品：¥1,980,000 ÷ 600個 ＝ ¥3,300／個

なお，ここでは，積数ではなく数量で割ることに注意を要する。

以上を等級別原価計算表に記入することで解答を得る。

16 工程別総合原価計算

Summary

1 部門別計算は製品の生産形態によらず行われ，受注生産の場合，部門別個別原価計算となり，連続生産の場合，工程別総合原価計算となる。なお，工程とは，流れ作業を行う製造部門のことである。

2 たとえば，家具を製造する場合，木材を切削し，それを組み立て，塗装して完成するが，それぞれの作業が工程に相当し，この場合，切削工程，組立工程，塗装工程となる。なお，通常，問題では具体的な工程の名称を付けず，第1工程，第2工程，第3工程として出題される。

3 工程別計算の方法としては，累加（累積）法と非累加（非累積）法があるが，「原価計算基準」では累加法が想定されている（27）。なお，全経1級では累加法が出題され，非累加法は全経上級から出題されるため，ここでは累加法を解説する。

4 たとえば，工場が第1工程と第2工程の2工程で構成され，第1工程の始点で直接材料がすべて投入される場合，まず，第1工程について，月初仕掛品原価と当月製造費用を第1工程完成品と月末仕掛品に配分する。そして，第1工程完成品原価が第2工程の前工程費となり，第2工程も，月初仕掛品原価と当月製造費用を第2工程完成品と月末仕掛品に配分する。平均法の場合，次のように振り替えられる。

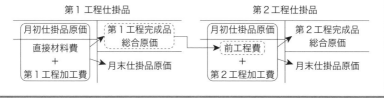

□□ 問題 株式会社鹿児島製作所は，2つの工程からなる工場で製品を製造し，工程別総合原価計算を採用している。以下の<資料>にもとづいて，各工程の仕掛品勘定を完成し，各工程の完成品単位原価を答えなさい。

<資料>

1. 生産データ

	第1工程		第2工程	
月初仕掛品	200個	(0.6)	100個	(0.5)
当月投入	2,000個		2,000個	
合計	2,200個		2,100個	
月末仕掛品	200個	(0.5)	100個	(0.6)
完成品	2,000個		2,000個	

〔注〕（　）内の数値は加工進捗度を示している。

2. 原価データ

	第1工程	第2工程
月初仕掛品原価		
直接材料費	¥ 170,000	——
前工程費	——	¥ 287,000
加工費	¥ 237,430	¥ 100,900
当月製造費用		
直接材料費	¥ 1,682,400	——
前工程費	——	（各自計算）
加工費	¥ 3,956,270	¥ 4,020,000

3. その他計算条件

（1）直接材料はすべて第1工程の始点で投入される。

（2）原価配分は，第1工程が平均法，第2工程が先入先出法による。

解答・解説

第1工程仕掛品

借　　方	金額	貸　　方	金額
前 月 繰 越	407,430	第2工程仕掛品	5,678,000
材　　　　料	1,682,400	次 月 繰 越	368,100
諸　　　　口	3,956,270		
	6,046,100		6,046,100

第2工程仕掛品

借　　方	金額	貸　　方	金額
前 月 繰 越	387,900	製　　　　品	9,682,000
第1工程仕掛品	5,678,000	次 月 繰 越	403,900
諸　　　　口	4,020,000		
	10,085,900		10,085,900

第1工程完成品単位原価	￥	2,839
第2工程完成品単位原価	￥	4,841

　本ユニットも，ユニット14およびユニット15と同じように，総製造費用から月末仕掛品原価を差し引くことで完成品総合原価を求める方法にて解説する。

　第1工程の原価配分は平均法であり，月末仕掛品の直接材料費は，

$$(\yen170,000 + \yen1,682,400) \times \frac{200個}{2,000個 + 200個} = \yen168,400$$

となる。また，月末仕掛品の加工費は，

$$(\yen237,430 + \yen3,956,270) \times \frac{200個 \times 0.5}{2,000個 + 200個 \times 0.5} = \yen199,700$$

となる。よって，月末仕掛品原価は￥368,100となる。

　したがって，第1工程完成品の直接材料費は，

$$(\yen170,000 + \yen1,682,400) - \yen168,400 = \yen1,684,000$$

となり，第1工程完成品の加工費は

$$(¥237,430 + ¥3,956,270) - ¥199,700 = ¥3,994,000$$

となる。よって，第1工程完成品総合原価は¥5,678,000となり，第1工程完成品単位原価は，¥2,839／個となる。

　第1工程完成品総合原価は第2工程の当月前工程費となる。なお，前工程費は直接材料費と同じように計算すればよい。そして，第2工程の原価配分は先入先出法であり，月末仕掛品の前工程費は

$$¥5,678,000 × \frac{100個}{2,000個} = ¥283,900$$

となり，月末仕掛品の加工費は，

$$¥4,020,000 × \frac{100個 × 0.6}{2,000個} = ¥120,000$$

となる。よって，月末仕掛品原価は¥403,900となる。

　したがって，第2工程完成品の前工程費は，

　　$(¥287,000 + ¥5,678,000) - ¥283,900 = ¥5,681,100$

　となり，完成品の加工費は

　　$(¥100,900 + ¥4,020,000) - ¥120,000 = ¥4,000,900$

となる。よって，第2工程完成品総合原価は¥9,682,000となり，第2工程完成品単位原価は¥4,841／個となる。

　仕掛品勘定について，前月繰越と次月繰越には月初仕掛品原価と月末仕掛品原価を記入する。また，加工費は直接労務費や製造間接費などの合計額であるため諸口の欄に加工費を記入する。そして，直接材料は第1工程の始点ですべて投入されるため，第1工程仕掛品勘定の材料の欄には直接材料費を記入する。

　最後に，第1工程仕掛品勘定から第2工程仕掛品勘定への振替額は第1工程仕掛品の完成品総合原価であり，第2工程仕掛品勘定の第1工程仕掛品勘定からの受入額は第2工程の当月前工程費であるが，両者は等しくなるため，いずれの欄にも同じ金額を記入することとなる。

17 連産品と副産物・作業くずの処理と評価

Summary

1 副産物とは，主産物の製造過程から必然に派生する物品をいう。

2 総合原価計算において，副産物が生ずる場合には，その価額を算定して，これを主産物の総合原価から控除する。

3 作業くずの処理および評価は，副産物に準ずる。

4 連産品とは，同一工程において同一原料から生産される異種の製品であって，相互に主副を明確に区別できないものをいう。

5 連産品の価額は，連産品の正常市価等を基準として定めた等価係数に基づき，一期間の総合原価（連結原価）を連産品にあん分して計算する。

6 連産品の原価計算においては，各製品が分離する分離点後に発生する個別費が把握される。

7 連産品で，分離点後に加工の上売却できるものは，加工製品の見積り売却価額から加工費の見積額（個別費）を控除した額をもって，その正常市価とみなし，等価係数算定の基礎とする。

8 必要ある場合には，連産品の一種又は数種の価額を副産物に準じて計算し，連結原価から控除することができる。

□□ |問|題| **1** 次の文の下線部について，妥当であれば○印を，妥当でなければ×印を解答用紙の解答欄に記入しなさい。

1．副産物とは，主産物の製造過程から偶然に派生する物品をいう。

2．連産品とは，同一工程において同一原料から生産される異種の製品であって，相互に主副を明確に区別できるものをいう。

□□ 問題 2　以下に記した1〜3の取引について，次の中から最も適当と思われる勘定科目を用いて仕訳しなさい。

仕 掛 品	雑 収 入	副 産 物	作 業 く ず
製 品	A 製 品	B 製 品	C 製 品

1．単純総合原価計算において，完成品総合原価は¥2,640,000であった。なお，工程の終点で副産物（評価額：¥48,000）が生じた。

2．単純総合原価計算において，作業くず（評価額：¥16,000）が生じた。

3．連産品A，B，Cが完成した。各連産品の原価は以下のとおりである。
　A製品：¥742,000　B製品：¥684,000　C製品：¥428,000

□□ 問題 3　以下の<資料>にもとづいて，解答用紙の連産品原価計算表とY製品勘定を完成しなさい。なお，連結原価は正常市価基準によって完成品総合原価を求めた後に各連産品にあん分する。また，棚卸減耗は生じておらず，製品の払出単価の計算は先入先出法による。

<資料>

1．当月製造費用
　材料費：¥1,360,060　労務費：¥1,224,000　経費：¥1,076,000

2．棚卸資産
　月初仕掛品：¥383,940　　月末仕掛品：¥296,000
　月初製品（Y製品）：¥282,000（300kg）

3．各連産品の正常市価と等価係数および生産・販売量

製品	正常市価	等価係数	生産量	販売量
X製品	¥600	1	1,200kg	1,220kg
Y製品	¥1,440	（各自推定）	1,800kg	1,860kg
Z製品	¥2,310	（各自推定）	1,000kg	1,050kg

解答・解説

1	2
×	×

1.は必然に派生する物品，2.は主副を明確に区別できないものである。

問題 2

	借方科目	金額	貸方科目	金額
1	製　　　　品	2,592,000	仕　掛　品	2,640,000
	副　産　物	48,000		
2	作　業　く　ず	16,000	仕　掛　品	16,000
3	A　製　品	742,000	仕　掛　品	1,854,000
	B　製　品	684,000		
	C　製　品	428,000		

問題 3

連産品原価計算表

製品	正常市価	等価係数	生産量	積数	あん分原価	単位原価
X	@¥　600	1	1,200kg	1,200	¥　480,000	@¥　400
Y	@¥1,440	2.4	1,800kg	4,320	¥1,728,000	@¥　960
Z	@¥2,310	3.85	1,000kg	3,850	¥1,540,000	@¥1,540
				9,370	¥3,748,000	

Y　製　品

借　方	金額	貸　方	金額
前　月　繰　越	282,000	売　上　原　価	1,779,600
仕　掛　品	1,728,000	次　月　繰　越	230,400
	2,010,000		2,010,000

当月の完成品総合原価は,

$¥383,940 + (¥1,360,060 + ¥1,224,000 + ¥1,076,000)$

$- ¥296,000 = ¥3,748,000$

となり,これが連結原価ともなる。そして,これを次のように正常市価にもとついて各連産品にあん分する。

まず,等価係数について,連産品原価計算表より,X製品の正常市価が1となるため,Y製品とZ製品の等価係数は,

Y製品:$1,440 ÷ 600 = 2.4$

Z製品:$2,310 ÷ 600 = 3.85$

となり,各製品の積数は

X製品:$1,200 × 1 = 1,200$

Y製品:$1,800 × 2.4 = 4,320$

Z製品:$1,000 × 3.85 = 3,850$

となる。そして,連結原価を各製品の積数の比に応じて按分すると,

X製品:$¥3,748,000 × \dfrac{1,200}{9,370} = ¥480,000$

Y製品:$¥3,748,000 × \dfrac{4,320}{9,370} = ¥1,728,000$

Z製品:$¥3,748,000 × \dfrac{3,850}{9,370} = ¥1,540,000$

となり,各製品の単位原価は次のとおりとなる。

X製品:$¥480,000 ÷ 1,200kg = ¥400／kg$

Y製品:$¥1,728,000 ÷ 1,800kg = ¥960円／kg$

Z製品:$¥1,540,000 ÷ 1,000kg = ¥1,540／kg$

Y製品の月末棚卸数量は$300kg + 1,800kg - 1,860kg = 240kg$であり,月末棚卸高は,$¥960／kg × 240kg = ¥230,400$となる。よって,Y製品の売上原価は,

$¥282,000 + ¥1,728,000 - ¥230,400 = ¥1,779,600$

となる。

18 標準原価計算の意義と記帳

Summary

1 標準原価計算は，原価管理，および，記帳の簡略化と迅速化を主要な目的とし，事前に科学的・統計的に設定された標準原価を利用する。

2 実際原価の確定には時間を要するため，実際原価が確定していなくても，いったん標準原価に基づいて記帳を行う。事後的に実際原価が確定すると，事前に定めた標準と実際原価の差異を計算し，その原因を分析することによって原価管理に役立てる。

3 標準原価の勘定記入には，どの段階で標準原価を勘定に記帳し，標準原価差異を把握するかによって，パーシャル・プランとシングル・プランの２つの方法がある。パーシャル・プランは仕掛品勘定の借方に実際原価，貸方に標準原価を記入し，仕掛品勘定で原価差異を計算する。シングル・プランは各費目の勘定で原価差異を計算し，仕掛品勘定には借方・貸方ともに標準原価が記入される。

〔パーシャル・プラン〕

	仕掛品		製品
各費目勘定 →	実際原価	標準原価 →	標準原価

※仕掛品勘定で原価差異を把握

〔シングル・プラン〕

	仕掛品		製品
各費目勘定 →	標準原価	標準原価 →	標準原価

※各費目の勘定で原価差異を把握

問題 次の<資料>にもとづいて，**（1）**パーシャル・プランの場合，**（2）**シングル・プランの場合の諸勘定を完成しなさい。

<資料>

・製品1個当たり標準原価

直 接 材 料 費	¥ 480
直 接 労 務 費	520
製 造 間 接 費	600
合　　　　　計	1,600

・製造に関するデータ

（直接材料はすべて工程の始点で投入されるものとする。）

月 初 仕 掛 品	0個	
当 月 投 入	1,200個	
合　　　　計	1,200個	
月 末 仕 掛 品	200個	（加工進捗度：0.5）
完 成 品	1,000個	

・実際原価発生額

直 接 材 料 費	¥ 580,000
直 接 労 務 費	¥ 574,000
製 造 間 接 費	¥ 665,000

解答・解説

（1）

材　　　料

借　　方	金額	貸　　方	金額
諸　　　口	612,000	仕 掛 品	580,000
		製 造 間 接 費	32,000
	612,000		612,000

製 造 間 接 費

借 方	金額	貸 方	金額
材　　料	32,000	仕　掛　品	665,000
賃　　金	178,000		
諸　　口	455,000		
	665,000		665,000

仕 掛 品

借 方	金額	貸 方	金額
材　　料	580,000	製　　品	1,600,000
賃　　金	574,000	原 価 差 異	11,000
製 造 間 接 費	665,000	次 月 繰 越	208,000
	1,819,000		1,819,000

　パーシャル・プランの場合，実際原価が仕掛品勘定の借方に記載され，仕掛品勘定の貸方は標準原価にもとづいて計算される。この際，完成品は¥1,600／個×1,000個＝¥1,600,000となる。

　月末仕掛品は，直接材料費は工程の始点ですべて投入されているため，¥480／個×200個＝¥96,000，直接労務費と製造間接費には加工進捗度が関わるため，完成品換算量は200個×50％＝100個となり，（¥520／個＋¥600／個）×100個＝¥112,000，これらを合計すると¥208,000となる。その結果，原価差異は¥11,000（不利）となる。

(2)

材 料

借 方	金額	貸 方	金額
諸　　口	612,000	仕　掛　品	576,000
		製 造 間 接 費	32,000
		原 価 差 異	4,000
	612,000		612,000

製 造 間 接 費

借　　　方	金額	貸　　　方	金額
材　　　料	32,000	仕 掛 品	660,000
賃　　　金	178,000	原 価 差 異	5,000
諸　　　口	455,000		
	665,000		665,000

仕 掛 品

借　　　方	金額	貸　　　方	金額
材　　　料	576,000	製　　　品	1,600,000
賃　　　金	572,000	次 月 繰 越	208,000
製 造 間 接 費	660,000		
	1,808,000		1,808,000

　シングル・プランの場合，材料や製造間接費勘定それぞれで原価差異が把握されることとなる。まず，材料勘定について，実際発生額は¥580,000であり，標準原価は¥480／個×1,200個＝¥576,000となり，原価差異は¥4,000（不利）となる。

　製造間接費勘定は加工進捗度が関わり，投入数量は1,100個。実際原価は¥665,000であり，標準原価は¥600／個×1,100個＝¥660,000となる。これにより原価差異は¥5,000（不利）と計算できる。

　完成品，月末仕掛品は標準原価で計算され，パーシャル・プランの場合と同様である。しかし，ここでは，仕掛品勘定の借方には標準原価が記載されるため，仕掛品勘定には原価差異は記載されない。

　なお，厳密には，シングル・プランとは製造直接費を対象とした記帳方法である。そのため，シングル・プランで記帳するとしても，製造間接費はパーシャル・プランのように実際発生額を仕掛品勘定の借方に記帳する場合もある。そして，その場合，製造間接費の差異は仕掛品勘定に記載されることになる。

19

標準原価差異分析
－直接材料費と直接労務費－

Summary

1 標準原価計算においては，事前に定めた標準原価と実際原価が完全に一致することは稀であり，両者の差異を計算し，その発生要因を分析することで原価管理につなげる。この際，直接材料費と直接労務費については，基本的には数量×単価という同様のフォーマットにもとづいて分析することができる。

2 直接材料費においては，数量は材料の消費量であり，単価は材料単価である。分析のための基本フォーマットは以下のとおりである。

実際価格	材 料 価 格 差 異	
標準価格	標 準 原 価	材料消費量 差　　異
	標準消費量	実際消費量

3 直接労務費においては，数量は作業時間であり，単価は賃率である。分析のための基本フォーマットは以下のとおりである。

実際賃率	賃　　率　　差　　異	
標準賃率	標 準 原 価	作 業 時 間 差　　異
	標準時間	実際時間

4 直接材料費，直接労務費のどちらについても，数量（材料消費量，作業時間）は製造現場が管理可能な要因であり，単価（材料価格，賃率）は製造現場では管理不可能な要因である。

□□ 問題 次の＜資料＞にもとづいて，**（1）～（6）**の差異を計算しなさい。なお，すべての差異について，（　）内に有利か不利かも記述すること。

＜資料＞
・標準原価カード（一部抜粋）

標準原価カード							
	（単価）			（数量）			
直接材料費	¥	320 ／kg	×	5	kg	＝ ¥	1,600
直接労務費	¥	400 ／時間	×	3	時間	＝ ¥	1,200
製造間接費	¥	／時間	×		時間	＝ ¥	
合　　計						¥	

・製造に関するデータ
（直接材料はすべて工程の始点で投入されるものとする。）

月初仕掛品	600個	（加工進捗度：0.5）
当月投入	1,400個	
合　計	2,000個	
月末仕掛品	400個	（加工進捗度：0.5）
完成品	1,600個	

・実際原価発生額
直接材料費　¥328／kg×7,040kg＝¥2,309,120
直接労務費　¥414／時間×4,560時間＝¥1,887,840

（1） 直接材料費の総差異を計算しなさい。
（2） 直接材料費の材料消費量差異を計算しなさい。
（3） 直接材料費の材料価格差異と計算しなさい。
（4） 直接労務費の総差異を計算しなさい。
（5） 直接労務費の作業時間差異を計算しなさい。
（6） 直接労務費の賃率差異を計算しなさい。

解答・解説

(1)	¥	69,120	(不利)
(2)	¥	12,800	(不利)
(3)	¥	56,320	(不利)
(4)	¥	87,840	(不利)
(5)	¥	24,000	(不利)
(6)	¥	63,840	(不利)

　まず直接材料費，直接労務費の当月投入数量を計算する。直接材料費については工程の始点で投入されており，加工進捗度が関係しないため，完成品1,600個＋月末仕掛品400個－月初仕掛品600個＝1,400個となる。対して直接労務費は加工進捗度が関係するため，完成品1,600個＋月末仕掛品400個×50％－月初仕掛品600個×50％＝1,500個となる。この投入量にもとづいて差異計算を行う。

・直接材料費の差異分析

直接材料費総差異　¥69,120（不利）

実際価格 ¥328／kg	材料価格差異 ¥56,320（不利）	
標準価格 ¥320／kg	標準原価 ¥320／kg×7,000kg ＝¥2,240,000	材料消費量差異 ¥12,800 （不利）
	標準消費量 7,000kg	実際消費量 7,040kg

（1）　直接材料費総差異

　直接材料の1個当たりの標準消費量が5kgであるため，1,400個では7,000kgが標準となる。標準原価は¥320／kg×7,000kg＝¥2,240,000となり，これを実際原価¥2,309,120と比較すると¥69,120の差異が計算でき，標準＜実際のため，不利差異となる。

（2）　材料消費量差異

　材料消費量差異は，¥320／kg×（7,000kg－7,040kg）＝△¥12,800であり，標準＜実際のため，不利差異となる。

（3） 材料価格差異

　材料価格差異は，（¥320／kg－¥328／kg）×7,040kg＝△¥56,320であり，これも標準＜実際のため，不利差異となる。

・直接労務費の差異分析

	直接労務費総差異　¥87,840（不利）	
実際賃率 ¥414／時間	賃率差異 ¥63,840（不利）	
標準価格 ¥400／時間	標準原価 ¥400／時間×4,500時間 ＝¥1,800,000	作業時間差異 ¥24,000 （不利）
	標準作業時間 4,500時間	実際作業時間 4,560時間

（4） 直接労務費総差異

　製品1個当たりの標準作業時間が3時間であるため，1,500個では4,500時間が標準となる。標準原価は¥400／時間×4,500時間＝¥1,800,000となり，これを実際原価¥1,887,840と比較すると¥87,840の差異が計算でき，標準＜実際のため，不利差異となる。

（5） 作業時間差異

　作業時間差異は，¥400／時間×(4,500時間－4,560時間)＝△¥24,000であり，標準＜実際のため，不利差異となる。

（6） 賃率差異

　賃率差異は，（¥400／時間－¥414／時間）×4,560時間＝△¥63,840であり，標準＜実際のため，不利差異となる。

20 標準原価差異分析
ー製造間接費ー

Summary

1 製造間接費差異は三分法によって次の３つの差異に分割される。

予算差異：実際発生額と予算の違いによる差異

能率差異：実際操業度と標準操業度の違いによる差異

操業度差異：実際操業度と基準操業度の違いによる差異

2 予算差異と操業度差異は，ユニット７で見たように，公式法変動予算と固定予算の２とおりの方法によって求めることができる。

3 ユニット７でみた製造間接費予算は実際原価計算制度を想定しており，標準原価計算制度との違いは能率差異の有無となる。すなわち，能率差異は標準原価計算制度の下でのみ把握される差異である。

4 製造間接費の差異分析は公式法変動予算による三分法が最もオーソドックスな分析方法であり，次のようなシュラッターズ図によって示される。

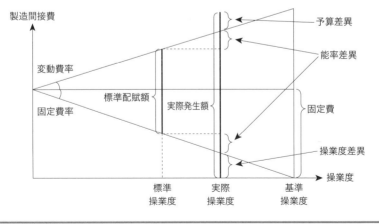

□□ 問題 1 当社は標準原価計算制度を採用している。次の<資料>にもとづいて仕掛製造間接費勘定を完成しなさい。ただし，仕掛製造間接費勘定の借方に製造間接費の実際発生額を記入する方法による。

<資料>

1．製品1個当たりの標準直接作業時間　0.5時間

2．標準配賦率　¥600／時間

3．当月製造間接費の実際発生額

①工場消耗品		②間接工賃金	
月初棚卸高	¥22,800	前月末未払額	¥49,700
当月購入高	164,600	当月総支給額	312,500
月末棚卸高	24,100	当月末未払額	42,800

　　③電力料　当月支払額　¥129,400　　当月測定額　¥125,600

　　④その他諸経費　支払額および発生額合計　　¥567,700

4．生産データ

　　月初仕掛品　0個　　月末仕掛品　300個（加工進捗度50％）

　　当月完成品　3,500個

□□ 問題 2 当社は標準原価計算制度を採用し，直接作業時間を基準に製造間接費を配賦している。また，製造間接費予算の方法としては公式法変動予算を採用している。次の<資料>にもとづいて，（1）製造間接費総差異，（2）予算差異，（3）能率差異，（4）操業度差異をそれぞれ計算しなさい。なお，すべての差異について，（　）内に有利か不利かも記述すること。

<資料>

1．製品1個当たり標準直接作業時間　4時間

2．標準配賦率　¥750／時間（うち，60％が変動費）

3．月間正常直接作業時間　5,300時間

4．当月実際直接作業時間　5,240時間

5．生産データ

　　月初仕掛品0個　　月末仕掛品200個（加工進捗度50％）

　　完成品　1,200個

6．製造間接費実際発生額　¥3,962,000

解答・解説

問題 **1** ....

仕掛製造間接費

借　　方	金額	貸　　方	金額
工 場 消 耗 品	163,300	製　　　　品	1,050,000
賃 金 給 料	305,600	原 価 差 異	67,200
電 力 料	125,600	次 月 繰 越	45,000
諸　　　　口	567,700		
	1,162,200		1,162,200

　まず，完成品と月末仕掛品の標準原価を計算する。当月の完成品の標準
原価は，¥600／時間×0.5時間×3,500個＝¥1,050,000となり，月末仕掛品
は¥600／時間×0.5時間×300個×50％＝¥45,000となる。

　工場消耗品の当月消費額は，月初棚卸高¥22,800＋当月購入高¥164,600
－月末棚卸高¥24,100＝¥163,300と計算できる。同様に，間接工賃金の当
月消費額は当月総支給額¥312,500＋当月末未払額¥42,800－前月末未払額
¥49,700＝¥305,600と計算できる。

　電力料については当月の支払額ではなく，測定額を消費額とするため，
¥125,600となる。これらに加えて，その他の諸経費が¥567,700発生してい
るために，仕掛製造間接費の借方を合計すると製造間接費の実際発生額は
¥1,162,200となる。

　借方の実際発生額と貸方の標準配賦額を比較すると，配賦差異として
¥67,200が計算できる。これは標準＜実際であるため，不利差異となる。

問題 **2** ....

（1）	¥	62,000	（不利）
（2）	¥	14,000	（不利）
（3）	¥	30,000	（不利）
（4）	¥	18,000	（不利）

標準配賦率の60%が変動費であるため，変動費率は¥750／時間×60%＝¥450／時間，固定費率は¥300／時間となる。また，正常直接作業時間は5,300時間であるため，固定費の金額は¥300／時間×5,300時間＝¥1,590,000となる。

　生産データにもとづけば，当月の投入量は月末仕掛品200個×50%＋完成品1,200個＝1,300個となり，1個の製造のために4時間の直接作業が標準として設定されているため，標準直接作業時間は1,300個×4時間／個＝5,200時間となる。

　以上の数字から，当月の標準配賦額は¥750／時間×5,200時間＝¥3,900,000と計算できる。ここで，実際発生額は¥3,962,000であるため，総差異は¥3,900,000－¥3,962,00＝¥62,000と計算できる。これは標準＜実際であるため，不利差異となる。この¥62,000の総差異を，次のように，予算差異，能率差異，操業度差異に分割して計算する。

・予算差異

　　実際作業時間での変動予算額は，¥450／時間×5,240時間＋¥1,590,000＝¥3,948,000となり，これを実際発生額と比較すると予算差異¥14,000（不利）が計算できる。

・能率差異

　　能率差異は，(5,200時間－5,240時間)×¥750／時間＝¥30,000（不利）となる。

・操業度差異

　　操業度差異は，(5,240時間－5,300時間)×¥300／時間＝¥18,000（不利）となる。

21

原価差異の処理

Summary

1 実際原価計算制度においては，材料の予定価格や労務費の予定賃率，製造間接費の予定配賦率を用いることで，直接材料費の価格差異，直接労務費の賃率差異，製造間接費の配賦差異が把握される。なお，製造間接費配賦差異は予算差異と操業度差異に分けられる。

2 標準原価計算制度においては，材料の標準消費量や作業の標準時間も設定されるため，実際原価計算制度の下で把握される際に加え，直接材料費の材料消費量差異，直接労務費の作業時間差異，製造間接費の能率差異も把握される。

3 いずれの原価計算制度においても，売上原価勘定には予定もしくは標準の金額が集計され，各種原価差異は適当な差異の勘定に集計される。そこで，決算では，予定もしくは標準の売上原価に原価差異を加減することで実際の売上原価に修正する必要がある。なお，以下では，便宜上，標準原価計算制度を想定して解説を進める。

4 標準原価差異が不利差異（借方差異）の場合，売上原価勘定に集計された標準の金額は実際の売上原価未満となっていることを意味する。そのため，標準売上原価に原価差異を足すことで実際売上原価とする。勘定連絡図で示すと次のようになる。

5 標準原価差異が有利差異（貸方差異）の場合，売上原価勘定に集計された標準の金額は実際の売上原価を超過していることを意味する。そのため，標準売上原価から原価差異を引くことで実際売上原価とする。勘定連

絡図で示すと次のようになる。

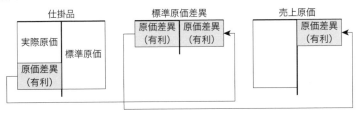

6 **4**および**5**にて示された原価差異の処理方法は，標準原価（予定原価）で計算された売上原価に，不利差異であれば加算し，有利差異であれば減算することから，売上原価加減法という。

7 原則として，売上原価加減法によるが，原価差異が比較的多額と判断されれば，売上原価のみならず期末棚卸資産にも配賦することがある。なお，この方法に関する計算問題は上級にて出題される。

□□ 問題 以下の**1**～**4**の取引を仕訳しなさい。ただし，勘定科目は，次の中から最も適当なものを選ぶこと。

予 算 差 異	消 費 量 差 異	製 品	現 金
製 造 間 接 費	仕 掛 品	売 掛 金	材 料
賃 金 給 料	作 業 時 間 差 異	売 上 原 価	標 準 原 価 差 異

1. 広島工業株式会社は標準原価計算制度を採用しており，仕掛品勘定への記帳方法としては，仕掛品勘定の借方に標準原価を記帳する方法を採用している。当月の材料消費に関する下記データにもとづき，消費量差異を計上した。なお，材料標準価格は¥160／kgであった。

標準消費量　4,550kg　　実際消費量　4,624kg

2. 株式会社大分テックは標準原価計算制度を採用しており，仕掛品勘定への記帳方法としては，仕掛品勘定の借方に実際原価を記帳する方法を採用している。当月の直接作業時間に関する下記データにもとづき，作業時間差異を計上した。なお，標準賃率は¥1,020／時間であった。

標準作業時間　1,800時間　　実際作業時間　1,785時間

3. 愛媛製作所株式会社は標準原価計算制度を採用しており，仕掛品勘定への記帳方法としては，仕掛品勘定の借方に実際原価を記帳する方法を

採用している。当月の製造間接費に関する下記データにもとづき，予算差異を計上した。

実際作業時間に対する予算額　　¥1,245,600

当 月 実 際 発 生 額　　¥1,269,200

4．長崎製作所株式会社は標準原価計算制度を採用しており，仕掛品勘定への記帳方法としては，仕掛品勘定の借方に実際原価を記帳する方法を採用している。当月の各種原価に関する下記データにもとづき，標準原価差異勘定に記帳済みの標準原価差異について，売上原価への調整を行った。

標準原価　¥4,120,000

実際原価

　直接材料費　¥1,374,500

　直接労務費　¥1,743,100

　製造間接費　¥1,045,400

解答・解説

	借方科目	金額	貸方科目	金額
1	消 費 量 差 異	11,840	材　　　　料	11,840
2	仕　掛　品	15,300	作 業 時 間 差 異	15,300
3	予 算 差 異	23,600	仕　掛　品	23,600
4	売 上 原 価	43,000	標 準 原 価 差 異	43,000

　本ユニットでは，各種原価差異を「標準−実際」で計算する方法にて解説する。そのため，差異がプラスであれば有利差異（貸方差異），マイナスになれば不利差異（借方差異）となる。なお，原価差異を「実際−標準」で計算する場合もあり，その場合は±の符号が逆転することに注意されたい。

（1）　消費量差異は，標準単価¥160／kg×（標準消費量4,550kg−実際消費量4,624kg）＝△¥11,840であり，不利差異（借方差異）となる。なお，

仕掛品勘定の借方に標準原価を記帳する方法が採用されていることから記帳方法はシングル・プランであることがわかり，消費量差異は仕掛品勘定ではなく材料勘定にて把握される。そのため，貸方は材料となる。

（2）　作業時間差異は，標準賃率¥1,020／時間×（標準作業時間1,800時間－実際作業時間1,785時間）＝¥15,300であり，有利差異（貸方差異）となる。なお，仕掛品勘定の借方に実際原価を記帳する方法が採用されていることから記帳方法はパーシャル・プランであることがわかり，作業時間差異は仕掛品勘定にて把握される。そのため，借方は仕掛品となる。

（3）　予算差異は，実際時間に対する予算額¥1,245,600－実際発生額¥1,269,200＝△¥23,600であり，不利差異（借方差異）となる。なお，仕掛品勘定の借方に実際原価を記帳する方法が採用されていることから記帳方法はパーシャル・プランであることがわかり，予算差異は仕掛品勘定にて把握される。そのため，貸方は予算差異となる。

（4）　実際原価は，直接材料費¥1,374,500，直接労務費¥1,743,100，製造間接費¥1,045,400の合計¥4,163,000となり，標準原価は¥4,120,000である。そのため，標準原価差異は△¥43,000であり，不利差異（借方差異）となる。

　　　問題文の設定上，標準原価差異については仕掛品勘定で把握され，すでに標準原価差異勘定に記帳されているため，ここでは売上原価との調整が問われている。したがって標準原価で計算された売上原価に標準原価差異の¥43,000を加算することになる。よって，借方は売上原価，貸方は標準原価差異となる。

学習の記録 ▶ ／　／　／

22 直接原価計算

Summary

1 製品原価を計算する際，すべての製造原価要素を製品に集計する方法を全部原価計算という。なお，全部原価計算とは，ユニット3〜21までに学習した一連の計算手続きのことである。

2 これに対し，製造原価要素のうち変動費部分のみを製品に集計する方法を直接原価計算（変動原価計算）という。

3 直接原価計算方式の営業損益計算は次のようになる。

```
売    上    高      × × ×
変 動 売 上 原 価    × × ×
変動製造マージン    × × ×
変 動 販 売 費      × × ×
貢  献  利  益      × × ×
固      定      費   × × ×
営  業  利  益      × × ×
```

変動販売費は売上高と個別的に対応させる。一方，固定製造原価は製品原価とはせず，販売費および一般管理費の固定費部分とともに期間費用として，発生した期間の収益と期間的に対応させる。

4 直接原価計算では次のような勘定間での振り替えが行われる。

・通常，製造直接費は変動費となり，その分の金額は材料や賃金といった諸勘定から仕掛品勘定へ振り替える（直課する）。

・製造間接費のうち変動製造間接費は製造間接費勘定から仕掛品勘定へ振り替え，固定製造間接費は月次損益勘定へ振り替える。

・販売費および一般管理費は，そのすべてが月次損益勘定へ振り替えられるが，販売費については，変動販売費と固定販売費に分け，別々に月次損益勘定へ振り替える。また，通常，一般管理費に変動費部分はないため，全額が固定費となり，月次損益勘定へ振り替えられる。

86

□□ 問題 1 次の文章の（ ）内に入る最も適当な語句を選びなさい。

原価は集計される原価の範囲によって，全部原価と部分原価とに区別される。このうち部分原価は，計算目的によって各種のものを計算することができるが，最も重要な部分原価は，変動直接費および変動間接費のみを集計した（ 直接原価 ・ 期間原価 ）である。

□□ 問題 2 次の取引を仕訳しなさい。

当社では，帳簿組織の記帳システムに直接原価計算を導入している。当月の製造間接費実際発生額は，変動費が¥3,376,000，固定費が¥8,724,000であり，実際配賦により適当な勘定へ振り替えた。

□□ 問題 3 製品の製造原価計算と帳簿組織に直接原価計算を採用している長野製作所の次の＜資料＞にもとづいて，当月の仕掛品勘定と月次損益勘定を完成しなさい。

＜資料＞

1．記帳および計算上の注意事項

（1） 製造間接費については，実際発生額を変動費部分と固定費部分とに分け，それぞれの合計額について振替処理を行う。

（2） 販売費については，まず変動費部分を振り替えてから固定費部分を振り替える。

2．生産・販売データ

完成量：1,000個　販売量：800個（販売価格：¥3,000）

なお，仕掛品および製品に前月繰越はなかった。

3．原価データ

原価要素	変動費部分	固定費部分	合　計　額
直 接 材 料 費	¥　783,000	――	¥　783,000
間 接 材 料 費	240,000	¥ 60,000	300,000
直 接 労 務 費	585,000	――	585,000
間 接 労 務 費	252,000	168,000	420,000
間 接 経 費	120,000	156,100	276,100
販 　 売 　 費	24,000	57,900	81,900
一 般 管 理 費	――	109,100	109,100

解答・解説

問題 1 直接原価（「原価計算基準」4（3）を参照のこと。）…………

問題 2 ………………………………………………………………………

借方科目	金額	貸方科目	金額
仕 掛 品	3,376,000	製 造 間 接 費	12,100,000
月 次 損 益	8,724,000		

　直接原価計算の場合，固定製造間接費は製品原価とはならず期間費用となるため，月次損益勘定に振り替える。

問題 3 ………………………………………………………………………

仕　掛　品

借　　方	金額	貸　　方	金額
材　　　料	783,000	製　　　品	1,980,000
賃　　　金	585,000		
製 造 間 接 費	612,000		
	1,980,000		1,980,000

月　次　損　益

借　　方	金額	貸　　方	金額
売 上 原 価	1,584,000	売　　　上	2,400,000
販　売　費	24,000		
製 造 間 接 費	384,100		
販　売　費	57,900		
一 般 管 理 費	109,100		
年 次 損 益	240,900		
	2,400,000		2,400,000

（1）　仕掛品勘定

・材料：直接材料費（変動費）が振り替えられる。

・賃金：直接労務費（変動費）が振り替えられる。
・製造間接費：間接材料費（変動費），間接労務費（変動費），間接経費（変動費）の合計額¥612,000を記入する。
・製品：次月繰越が無いので，すべて完成したと考えられる。
（2）　月次損益勘定
・売上原価：資料1より，800個分の製造原価が売上原価になる。したがって，¥1,980,000÷1,000個×800個＝¥1,584,000と計算される。
・販売費：＜資料＞1（2）より，変動販売費を月次損益勘定に振り替えてから固定販売費を月次損益勘定に振り替える。そのため，借方2行目が変動販売費¥24,000，借方4行目が固定販売費¥57,900となる。
・製造間接費：＜資料＞1（1）より，間接材料費（固定費），間接労務費（固定費），間接経費（固定費）の合計額¥384,100を記入する。
・一般管理費：資料の¥109,100を記入する。
・売上：¥3,000×800個＝¥2,400,000を記入する。
・年次損益：月次損益勘定の貸借差額¥240,900（当月営業利益）を記入する。

23 CVP分析

Summary

1 ユニット22にて学習した直接原価計算を応用し，原価（Cost），営業量（Volume），利益（Profit）の関係を分析する手法がCVP分析である。

2 CVP分析は直接原価計算を応用しているため，原価は変動費と固定費に分類され，利益は直接原価計算方式の営業利益をベースとしている。また，通常，CVP分析は予算編成の基礎となる短期利益計画を作成する段階で使用されることから，原価は販売費および一般管理費までを含んだ総原価を対象とし，営業量としては，販売量や売上高といった販売活動の仕事量を示す尺度が用いられる。

3 CVP分析では，損益分岐点営業量を明らかにすることが出発点となる。損益分岐点とは損益がゼロ，つまり，売上高と総原価が等しくなる営業量であり，たとえば，損益分岐点販売量は

　　価格×販売量＝単位当たり変動費×販売量＋固定費

が成立する販売量，すなわち，

　　損益分岐点販売量＝固定費÷（価格－単位当たり変動費）

となる。なお，（価格－単位当たり変動費）は単位当たり貢献利益である。

4 また，損益分岐点売上高は

　　売上高＝変動費率×売上高＋固定費

が成立する売上高，すなわち，

　　損益分岐点売上高＝固定費÷（1－変動費率）

となる。なお，（1－変動費率）は貢献利益率である。

5 株主への配当等を考慮し，最低限獲得しなければならない営業利益が目標利益として設定され，利益計画作成時には，目標利益を達成する営業量が検討される。なお，それは上に示した損益分岐点営業量を求める式の固定費を（固定費＋目標利益）とすればよい。

6 通常，CVP分析では次のようなCVP図表が用いられる。

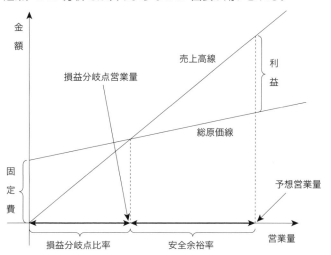

7 図中の損益分岐点比率と安全余裕率（安全率）は次のとおりである。

損益分岐点比率＝損益分岐点営業量÷予想営業量×100（％）

安全余裕率＝（予想営業量－損益分岐点営業量）÷予想営業量
　　　　　×100（％）

なお，これら比率の計算における予想営業量は，適宜，現在の営業量や前年度の営業量などに変更することができる。

□□ **問題 1**　次の文の（　）内に入る最も適当な金額を選びなさい。なお，いずれの問題も月初と月末に仕掛品や製品の棚卸資産はないものとする。

（1）　下記データより，貢献利益は，

（　¥88,000　・　¥198,000　・　¥240,000　）　となる。

売上高：¥600,000

変動製造原価：¥330,000　固定製造原価：¥72,000

変動販売費：¥30,000　固定販売費・一般管理費：¥80,000

（2）　下記データより，損益分岐点売上高は，

（　¥1,800,000　・　¥2,200,000　）　となる。

売上高：¥5,000,000

変動製造原価：¥2,600,000 固定製造原価：¥690,000

変動販売費：¥150,000 固定販売費・一般管理費：¥300,000

□□ |問題| 2 　次の＜資料＞にもとづいて，直接原価計算方式の損益計算書を完成し，（1）損益分岐点販売量，（2）安全余裕率，（3）現在の営業利益の1.5倍を目標とした場合の目標利益達成販売量を答えなさい。

＜資料＞

1. 製品1個あたりの売価は¥5,000である。
2. 生産・販売データ

　　当月生産量：10,000個　　当月販売量：8,000個

　　当月に月末製品以外の棚卸資産はなかった。
3. 原価データ

原 価 要 素	変動費部分	固定費部分
製 造 直 接 費	¥ 12,000,000	——
製 造 間 接 費	¥ 3,000,000	¥ 5,670,000
販 　 売 　 費	¥ 4,800,000	¥ 3,290,000
一 般 管 理 費	——	¥ 6,816,000

解答・解説

|問題| 1 ....

(1)	¥	240,000
(2)	¥	2,200,000

（1）　貢献利益は売上高から変動費を差し引いて求める。

（2）　損益分岐点売上高は，固定費を貢献利益率¥2,250,000÷¥5,000,000
　　　＝0.45で割ることで求める。

損益計算書（直接原価計算）

(単位：円)

I	売　　上　　高	（ 40,000,000 ）
II	変 動 売 上 原 価	（ 12,000,000 ）
	製 造 マ ー ジ ン	（ 28,000,000 ）
III	変 動 販 売 費	（ 4,800,000 ）
	貢 献 利 益	（ 23,200,000 ）
IV	固 　 定 　 費	（ 15,776,000 ）
	営 業 利 益	（ 7,424,000 ）

（1）	5,440個
（2）	32%
（3）	9,280個

　＜資料＞の製造原価は当月生産量10,000個に対する金額であり，変動売上原価は当月販売量8,000個に対する，（¥12,000,000＋¥3,000,000）÷10,000個×8,000個＝¥12,000,000となる。

　損益分岐点販売量＝固定費÷単位当たり貢献利益より，単位当たり貢献利益が必要となるが，そのためには単位当たり変動費を求めなければならない。＜資料＞の変動製造原価（¥12,000,000＋¥3,000,000）は生産量10,000個で割り，変動販売費（¥4,800,000）は販売量8,000個で割ることに注意し，単位当たり変動費は¥2,100／個となる。よって，単位当たり貢献利益は¥5,000／個－¥2,100／個＝¥2,900／個となり，損益分岐点販売量は，¥15,776,000÷¥2,900／個＝5,440個となる。

　安全余裕率は，当月販売量8,000個と損益分岐点販売量より，（8,000個－5,440個）÷8,000個×100＝32％となる。

　目標営業利益は¥7,424,000×1.5＝¥11,136,000となり，目標利益達成販売量は，（¥15,776,000＋¥11,136,000）÷¥2,900／個＝9,280個となる。

24 工場会計の独立

Summary

1 工場が本社から地理的に離れた場所にあったり，工場の規模が大きくなったりすると，本社経理部門が工場でのあらゆる取引を記帳することには限界がある。そこで，工場での取引（製造活動）に関しては，工場での記帳にとどめておくことがあり，このことを工場会計の独立という。

2 工場会計を独立させるためには，本社元帳に残す勘定と工場元帳に移す勘定を分類しなければならない。なお，製品の販売，代金の支払いや回収といった外部経済主体との取引にて用いられる勘定（たとえば，現金，売掛金，買掛金，売上，売上原価）は本社元帳に残し，工場内部で行われる製造活動にかかわる勘定（たとえば，材料，賃金給料，製造間接費，仕掛品）は工場元帳に移す。また，減価償却累計額のような統制勘定も本社元帳に残す。つまり，ある1つの勘定が本社と工場のどちらの帳簿にも存在するということはあってはならない。

3 仕訳については，まず工場会計が独立していない場合の仕訳を想起し，それを本社側と工場側の仕訳に分ける。たとえば，材料¥700を掛けで購入した場合，工場会計が独立していなければ，

（借）	材	料	700	（貸）	買	掛	金	700

となる。そして，通常，材料は工場側の勘定となり，買掛金は本社側の勘定となるため，これを単純に本社と工場に分けると，

（本社）

（借）	?		?	（貸）	買	掛	金	700

（工場）

（借）	材	料	700	（貸）	?		?

となる。しかし，このままでは仕訳として成立しないため，空所に，

（本社）

| （借） | 工 | 場 | 700 | （貸） | 買 | 掛 | 金 | 700 |

（工場）

| （借） | 材 | 料 | 700 | （貸） | 本 | | 社 | 700 |

と本社側に工場勘定を，工場側に本社勘定を入れることで仕訳を成立させる。

4 売掛金の回収のような内部の製造活動とは無関係な取引の場合，工場側に仕訳の必要はない。また，素材の消費のような外部経済主体が関与しない取引の場合，本社側に仕訳の必要はない。

□□ 問題 以下の1～10の取引について，工場会計が本社会計より独立している場合の工場側の仕訳を示しなさい。

1．京都工業株式会社の本社は，本日，素材¥5,899,000を月末払いの条件で購入し，引取運賃¥51,000を現金で支払い，工場に送付した。

2．東京工業所の本社は，素材¥1,243,000および工場消耗品¥357,000を購入し，工場へ送付した。なお，代金のうち¥800,000は小切手を振り出し，残額は掛けとした。

3．宮城製作所の本社は，工場従業員の当月分の給与¥7,900,000から所得税と社会保険料の預り分¥731,000を控除した残額を，当座預金口座から各従業員の普通預金口座に振り込んだ。

4．富山工業株式会社では，当月末の賃金給料未払額¥678,000を計上した。ただし，未払賃金給料勘定は本社の元帳に設けられている。

5．工場設備の今月分の減価償却費¥691,000を本社側で計上した。なお，工場元帳には経費に関する費目別の勘定や経費勘定を設けていない。また，減価償却累計額勘定は本社元帳に設けている。

6．工場の今月分の火災保険料¥328,000を本社側の分と合わせて本社側で現金払いした。なお，工場元帳には経費に関する費目別の勘定や経費勘定を設けていない。また，支払関係はすべて本社が行っている。

7．工場で製品¥1,826,000が完成し，本社の倉庫に納入された。なお，製

品勘定は本社側に設けてあるものとする。

8．熊本製作所の本社は，得意先に製品を¥575,000で掛け販売し，工場から製品を発送した。この製品の製造原価は¥345,000であった。なお，工場は製品の製造・保管を担当しており，製品勘定は工場側に設けてある。

9．組別総合原価計算を採用している香川製作所の工場は，A組製品（製造原価¥1,560,000）とB組製品（製造原価¥980,000）を¥4,050,000で掛け販売し，工場から得意先に発送した。なお，工場は製品の製造・保管・発送を担当しており，製品に関する勘定は工場側に，売上と売上原価に関する勘定は本社側にそれぞれ設けてある。

10．島根工業の本社は，以前掛け販売した製品に関して，取引先の申し出により本日，返品を受け入れることとなった。同製品は掛け販売価額¥384,000，製造原価¥251,000であり，返品後は工場の倉庫に保管された。同社の製品勘定は工場側に設けられている。

解答・解説

	借方科目	金額	貸方科目	金額
1	素　　　　材	5,950,000	本　　　　社	5,950,000
2	素　　　　材	1,243,000	本　　　　社	1,600,000
	工 場 消 耗 品	357,000		
3	賃 金 給 料	7,900,000	本　　　　社	7,900,000
4	賃 金 給 料	678,000	本　　　　社	678,000
5	製 造 間 接 費	691,000	本　　　　社	691,000
6	製 造 間 接 費	328,000	本　　　　社	328,000
7	本　　　　社	1,826,000	仕　掛　品	1,826,000
8	本　　　　社	345,000	製　　　　品	345,000
9	本　　　　社	2,540,000	A 組 製 品	1,560,000
			B 組 製 品	980,000
10	製　　　　品	251,000	本　　　　社	251,000

1．素材購入時に引取運賃は材料副費として素材勘定に含める点と，買掛金や現金といった支払いに関する勘定科目はすべて本社側の帳簿にある点に注意する。したがって，素材勘定（材料勘定の場合もある）のみが工場側にある勘定科目となる。

2．実際の検定試験では，勘定科目リストの中から選択する。支払いは本社側が行うので，工場側にある勘定科目は素材勘定と工場消耗品勘定になる。

3．賃金給料勘定（賃金勘定の場合もある）以外はすべて本社側にある勘定科目となる。したがって，貸方科目は本社工場間の取引（債権債務関係）を示す本社勘定にすればよい。

4．月末未払賃金給料の計上をする仕訳である。未払賃金給料勘定が工場の帳簿にないため，代わりに本社勘定を使用する。

5．減価償却累計額勘定が本社側の帳簿にある点に注意すること。さらに，本問の条件下では，製造間接費勘定に振り替えることとなる。

6．保険料の支払いはすべて本社側で行うため，現金勘定は用いない点に注意すること。さらに，本問の条件下では，製造間接費勘定に振り替えることとなる。

7．製品完成時，完成品は一旦本社倉庫に納入されるため，工場側には製品勘定がない。したがって，製品勘定の代わりに仕掛品勘定を貸方側に起こせばよい。

8．工場は製造のみならず保管を担当しているので，製品勘定を工場側に設定する必要がある。売上原価勘定は本社側にあるので，借方科目は本社勘定になる。

9．完成した製品を工場から直接得意先に発送する取引である。なお，本問では，組別総合原価計算を適用しているため，貸方は，A組製品勘定とB組製品勘定に分かれることになる。

10．販売した製品の返品時のケースである。倉庫は工場側にあるため，製品勘定は工場側に設けられているが，販売関連の勘定科目は本社側に設けられている。したがって，貸方は本社勘定になる。

25

総合問題

　株式会社神奈川製作所は顧客の注文に応じて木工細工を製造し，完成後，ただちに顧客に引き渡しており，個別原価計算を採用している。次の＜資料＞を参照し，諸勘定と原価計算表を完成しなさい。

＜資料＞

1．当月は製造指図書＃901〜＃903の製造を行った。なお，＃901は前月から着手しており，前月分の製造原価は¥168,000である。また，同製品について，補修指図書＃901−Rを発行し，補修を行った。

2．材料の実際消費量について，主要材料は継続記録法（先入先出法）によって把握し，補助材料は棚卸計算法によって把握している。なお，棚卸減耗について，棚卸減耗費勘定や経費勘定は用いていない。

3．材料の月初・月末棚卸高と当月購入高は次のとおりであった。

	月初棚卸高	当月購入高	月末棚卸高
主 要 材 料	¥56,700	¥571,000	¥33,700
補 助 材 料	¥32,000	¥118,000	¥39,000

4．主要材料の当月消費高は次のとおりであった。

＃901	＃902	＃903	＃901−R	番号なし
¥211,300	¥119,500	¥176,800	¥37,200	¥47,600

5．直接工の賃金消費高は予定消費賃率¥870／時間で計算している。

6．賃金給料の前月・当月未払高と当月発生高は次のとおりであった。

	前月未払高	当月支給高	月末未払高
直 接 工	¥280,000	¥973,000	¥294,000
間 接 工	¥49,000	¥323,000	¥48,000

7．直接工の作業時間は次のとおりであった。

#901	#902	#903	#901-R	番号なし
450時間	390時間	300時間	24時間	36時間

8．その他の製造間接費実際発生高は¥354,060であった。

9．製造間接費は直接作業時間にもとづいて予定配賦している。なお，予定配賦率は¥720／時間である。

10．製造指図書#902と#903の製造過程で作業くずが生じ，評価額は，#902が¥5,100であり，#903が¥7,400であった。

11．製造指図書#901と#902が完成し，ただちに顧客に引き渡した。

解答・解説

材　　　料

借　　方	金額	貸　　方	金額
前 月 繰 越	88,700	仕 掛 品	544,800
諸　　　口	689,000	製 造 間 接 費	47,600
		製 造 間 接 費	1,600
		製 造 間 接 費	111,000
		次 月 繰 越	72,700
	777,700		777,700

賃 金 給 料

借　　方	金額	貸　　方	金額
諸　　　口	1,296,000	前 月 繰 越	329,000
原 価 差 異	57,000	仕 掛 品	1,012,680
次 月 繰 越	342,000	製 造 間 接 費	31,320
		製 造 間 接 費	322,000
	1,695,000		1,695,000

製 造 間 接 費

借　　　方	金額	貸　　　方	金額
材　　　　料	47,600	仕　掛　品	838,080
賃　金　給　料	31,320	原　価　差　異	29,500
材　　　　料	1,600		
材　　　　料	111,000		
賃　金　給　料	322,000		
諸　　　　口	354,060		
	867,580		867,580

仕 掛 品

借　　　方	金額	貸　　　方	金額
前　月　繰　越	168,000	仕　掛　品	75,360
材　　　　料	544,800	作　業　く　ず	12,500
賃　金　給　料	1,012,680	売　上　原　価	1,904,660
製　造　間　接　費	838,080	次　月　繰　越	646,400
仕　掛　品	75,360		
	2,638,920		2,638,920

　材料勘定について，仕掛品勘定への振替額は直接材料費であり＃901か
ら＃901-Rの消費高となる。また，間接材料費は，番号なしの主要材料消
費額¥47,600と補助材料消費額¥111,000であり，製造間接費勘定へ振り替
える。そして，主要材料の帳簿棚卸高は¥35,300であり，棚卸減耗費
¥1,600が生じ，これは間接経費であるが，棚卸減耗や経費の勘定はないた
め製造間接費勘定へ振り替える。

　賃金給料勘定について，製造間接費勘定への振替額は，番号なし（36時
間）の直接工賃金消費額¥31,320と間接工の賃金消費額¥322,000である。
なお，直接工賃金について，予定消費額と実際消費額に生じる差額
¥57,000は賃率差異（有利）であり，原価差異勘定へ振り替える。

原価計算表

(単位：円)

摘要	#901	#902	#903	#901-R
月初仕掛品原価	168,000	——	——	——
直接材料費	211,300	119,500	176,800	37,200
直接労務費	391,500	339,300	261,000	20,880
製造間接費	324,000	280,800	216,000	17,280
小　　　　計	1,094,800	739,600	653,800	75,360
作業くず 評価額	——	△5,100	△7,400	——
仕損費振替額	75,360	——	——	△75,360
合　　　　計	1,170,160	734,500	646,400	0
備　　　　考	完成・引き渡し済み	完成・引き渡し済み	仕掛中	#901へ賦課

　製造間接費勘定について，まず仕掛品勘定への振替額は予定配賦額¥838,080となる。対して，材料や賃金給料など諸勘定からの振替額合計¥867,580は実際発生額となり，差額¥29,500が製造間接費配賦差異（不利）となり，原価差異勘定へ振り替える。

　仕掛品勘定は原価計算表のデータを集約する。前月繰越は月初仕掛品原価であり，次月繰越は#903に集計された¥636,400である。そして，仕損費振替額について，#901-Rから減算される分が貸方に，#901に加算される分が借方に記入される。これは，仕掛品（#910-R）勘定から仕掛品（#901）勘定への振り替えを意味するため，貸借ともに仕掛品となる。また，完成後ただちに顧客に引き渡しているため，完成品原価は製品勘定を経由せず，売上原価勘定へ振り替えることになる。

　原価計算表は仕掛品勘定の内訳に相当し，月初仕掛品原価は前月分の¥168,000，直接労務費と製造間接費は予定消費賃率ないし予定配賦率に直接作業時間をかけた金額となる。

26 総合問題

　Z株式会社は2種類の製品AとBを製造，販売しており，組別総合原価計算を採用している。次の<資料>を参照し，諸勘定と組別総合原価計算表を完成しなさい。なお，材料はすべて製造着手のときに投入し，加工費は製造の進行につれて発生する。また，月末仕掛品の評価は先入先出法により，正常減損の処理は度外視法による。

<資料>

1．材料の月初・月末棚卸高と当月購入高は次のとおりであった。

月初棚卸高	当月購入高	月末棚卸高
¥599,600	¥4,294,000	¥461,700

2．材料の当月消費高は，A組が¥2,141,000，B組が¥1,768,200であり，残りは組間接費であった。なお，棚卸減耗は生じていなかった。

3．賃金給料の前月・当月未払高と当月支給高は次のとおりであった。

前月未払高	当月支給高	当月未払高
¥361,400	¥2,394,700	¥289,600

4．賃金給料の当月消費高は，A組が¥1,275,200，B組が¥734,300であり，残りは組間接費であった。

5．経費の当月発生高は¥513,200であった。なお，経費には前払高があり，前月が¥97,000，当月が¥92,000であった。

6．経費の当月消費高は，A組が¥193,700，B組が¥127,600であり，残りは組間接費であった。

7．組間接費は組間接費勘定にて集計し，その後，集計額の70%をA組製品に，30%をB組製品に配賦する。

8. 当月の製造状況は，次のとおりであった。

	A組製品		B組製品	
月 初 仕 掛 品	500個	(0.6)	400個	(0.6)
当 月 投 入	5,000個		4,200個	
合 計	5,500個		4,600個	
正 常 減 損	100個	(1.0)	200個	(0.5)
月 末 仕 掛 品	400個	(0.5)	400個	(0.6)
完 成 品	5,000個		4,000個	

〔注〕（ ）内の数値は仕掛品の加工進捗度または正常仕損の発生点を示している。なお，正常減損は当月投入から生じている。

解答・解説

材　　料

借　方	金額	貸　方	金額
前 月 繰 越	599,600	A 組 仕 掛 品	2,141,000
諸　　　口	4,294,000	B 組 仕 掛 品	1,768,200
		組 間 接 費	522,700
		次 月 繰 越	461,700
	4,893,600		4,893,600

賃 金 給 料

借　方	金額	貸　方	金額
諸　　　口	2,394,700	未 払 賃 金 給 料	361,400
未 払 賃 金 給 料	289,600	A 組 仕 掛 品	1,275,200
		B 組 仕 掛 品	734,300
		組 間 接 費	313,400
	2,684,300		2,684,300

経　　　費

借　　方	金額	貸　　方	金額
前　払　経　費	97,000	A 組 仕 掛 品	193,700
諸　　　　口	513,200	B 組 仕 掛 品	127,600
		組　間　接　費	196,900
		前　払　経　費	92,000
	610,200		610,200

組　間　接　費

借　　方	金額	貸　　方	金額
材　　　　料	522,700	A 組 仕 掛 品	723,100
賃　金　給　料	313,400	B 組 仕 掛 品	309,900
経　　　　費	196,900		
	1,033,000		1,033,000

　材料は材料副費も含めて掛けや現預金で購入し，賃金給料は現預金での支払いに加え預り金や法定福利費もあり，経費も現預金での支払いに加え後払いや減価償却費などもある。そのため，材料の購入高や賃金給料の支給高および経費の発生高等は諸口の欄に記入する。

　賃金給料の前月未払高は前月の労務費であり当月の労務費とはならないため貸方に，当月未払高は当月の労務費となるため借方に記入する。また，経費の前月前払高は当月の経費となるため借方に，当月前払高は次月の経費となり当月の経費とはならないため貸方に記入する。

　材料，賃金給料，経費勘定から間接費が組間接費勘定へ振り替えられ，その70％をA組に，30％をB組に配賦する。その結果，A組の加工費は¥2,192,000，B組の加工費は¥1,171,800となる。

　原価計算表には各勘定の数値と月末仕掛品原価の金額を記入する。

　A組では，正常減損は終点で発生しているため，月末仕掛品に負担させず完成品のみに負担させ，月末仕掛品原価は次のようになる。

組別総合原価計算表

摘　　要	A　組　製　品		B　組　製　品	
月 初 仕 掛 品				
直 接 材 料 費	¥　210,900		¥　174,200	
加 工 費	130,060	340,960	68,928	243,128
当 月 製 造 費 用				
組 直 接 費				
直 接 材 料 費	2,141,000		1,768,200	
直 接 労 務 費	1,275,200		734,300	
直 接 経 費	193,700		127,600	
組間接費配賦額	723,100	4,333,000	309,900	2,940,000
合 　計		4,673,960		3,183,128
月 末 仕 掛 品				
直 接 材 料 費	171,280		176,820	
加 工 費	87,680	258,960	70,308	247,128
完 成 品 原 価		4,415,000		2,936,000
完 成 品 数 量		5,000個		4,000個
単 位 原 価		@¥　883		@¥　734

直接材料費：$¥2,141,000 \times \dfrac{400個}{5,000個} = ¥171,280$

加工費：$¥2,192,000 \times \dfrac{400個 \times 0.5}{5,000個} = ¥87,680$

　B組では，正常減損は月末仕掛品より前で発生しているため，完成品と月末仕掛品に負担させ，月末仕掛品原価は次のようになる。

直接材料費：$¥1,768,200 \times \dfrac{400個}{4,200個 - 200個} = ¥176,820$

加工費：$¥1,171,800 \times \dfrac{400個 \times 0.6}{4,000個 - 400個 \times 0.6 + 400個 \times 0.6} = ¥70,308$

以上より，完成品原価などを記入して解答の原価計算表を得る。

27

総合問題

　N株式会社は等級製品ＸとＹを製造，販売しており，等級別総合原価計算を採用している。次の＜資料＞を参照し，諸勘定と総合原価計算表および等級別原価計算表を完成しなさい。

＜資料＞

1．材料の月初・月末棚卸高と当月購入高は次のとおりであった。

月初棚卸高	当月購入高	月末棚卸高
¥123,400	¥2,152,800	¥182,500

2．材料消費額のうち直接材料消費額は¥1,432,600であった。

3．賃金給料の前月・当月未払高と当月支払高等は次のとおりであった。

前月未払高	当月支給高	月末未払高
¥184,000	¥1,537,000	¥214,300

4．経費の当月発生高は¥711,000であった。なお，経費には前払高があり，前月が¥112,000，当月が¥132,000であった。

5．直接材料費以外の原価要素は加工費勘定に集計し，その後，実際発生額を仕掛品勘定へ振り替える。

6．当月の製造状況は，次のとおりであった。

```
月 初 仕 掛 品      400個  （加工進捗度：0.5）
当 期 投 入 量    2,600個
    合       計    3,000個
月 末 仕 掛 品      500個  （加工進捗度：0.4）
完   成   品    2,500個
```

7．月末仕掛品の評価は平均法による。

8．材料はすべて製造着手のときに投入し，加工費は製造の進行につれて発生する。

9. 等級別計算の方法としては，完成品総合原価を求めた後，重量を等価
係数とする積数の比にもとづいて等級製品別にあん分する方法による。
なお，各等級製品の重量と生産量は次のとおりであった。

等級製品	1個当たりの重量	当月完成品数量
X製品	500g	1,500個
Y製品	1,000g	1,000個

解答・解説

材　　　　料

借　　方	金額	貸　　方	金額
前 月 繰 越	123,400	仕 掛 品	1,432,600
諸　　　　口	2,152,800	加 工 費	661,100
		次 月 繰 越	182,500
	2,276,200		2,276,200

賃 金 給 料

借　　方	金額	貸　　方	金額
諸　　　　口	1,537,000	未払賃金給料	184,000
未払賃金給料	214,300	加 工 費	1,567,300
	1,751,300		1,751,300

経　　　　費

借　　方	金額	貸　　方	金額
前 払 経 費	112,000	加 工 費	691,000
諸　　　　口	711,000	前 払 経 費	132,000
	823,000		823,000

加 工 費

借　　方	金額	貸　　方	金額
材　　　　料	661,100	仕 掛 品	2,919,400
賃 金 給 料	1,567,300		
経　　　　費	691,000		
	2,919,400		2,919,400

総合原価計算表

摘　　要	直 接 材 料 費	加 工 費	合 　　　　計
月初仕掛品原価	¥　　　217,400	¥　　　226,100	¥　　　443,500
当月製造費用	1,432,600	2,919,400	4,352,000
合　　　計	1,650,000	3,145,500	4,795,500
月末仕掛品原価	275,000	233,000	508,000
完成品総合原価	1,375,000	2,912,500	4,287,500
完成品単位原価	@¥　　　550	@¥　　　1,165	@¥　　　1,715

等級別原価計算表

製品	重量	等価係数	完成品数量	積数	あん分原価	単位原価
X	500g	1	1,500個	1,500	¥1,837,500	@¥1,225
Y	1,000g	2	1,000個	2,000	¥2,450,000	@¥2,450
				3,500	¥4,287,500	

　　前ユニットと同様，材料勘定は資料１より，賃金給料勘定は資料３より，経費勘定は資料４より適当な金額を記入する。

　　資料５より，直接材料費のみ加工費勘定を経由せずに仕掛品勘定に振り替えるため，資料２にある直接材料費¥1,432,600を仕掛品勘定へ振り替え，材料消費額（¥123,400＋¥2,152,800－¥182,500＝¥2,093,700）と直接材料費の差額¥661,100は加工費勘定へ振り替える。なお，¥661,100に棚卸減耗費が含まれていたとしても加工費勘定への振替額に違いは生じないため，その点は無視している。また，直接労務費や直接経費も加工費勘定に集計されるため，賃金給料消費額や経費消費額を直接費と間接費に区分する作業は省いている。そして，当月の加工費は¥2,919,400となる。

　　総合原価計算表の当月製造費用は上記のとおりであり，月末仕掛品原価は次のようになる。

$$直接材料費：（¥217,400＋¥1,432,600）\times \frac{500個}{2,500個＋500個}$$

$$＝¥275,000$$

$$加工費：（¥226,100＋¥2,919,400）\times \frac{500個 \times 0.4}{2,500個＋500個 \times 0.4}$$

$$＝¥233,000$$

よって，完成品総合原価は¥4,287,500となり，これを各等級製品にあん分する。

　完成品総合原価を等級別にあん分するための等価係数は重量を基準に設定されているため，500gのXを1とすると，1,000gのYは2となる。この等価係数にそれぞれの完成品数量をかけると，Xが1,500，Yが2,000という積数が計算できる。この積数の合計3,500に基づいて完成品総合原価を以下のようにあん分することができる。

$$製品 X：¥4,287,500 \times \frac{1,500}{3,500} = ¥1,837,500$$

$$製品 Y：¥4,287,500 \times \frac{2,000}{3,500} = ¥2,450,000$$

　こうしてあん分された原価をそれぞれの完成品数量で割って単位原価を計算することができる。

　　製品 X：¥1,837,500 ÷ 1,500個 = @¥1,225

　　製品 Y：¥2,450,000 ÷ 1,000個 = @¥2,450

この単位原価の計算の際，積数ではなく完成品数量で割ることに注意が必要である。

28 模擬試験問題

第1問 次の工業簿記・原価計算に関する文章（「原価計算基準」に準拠している）について，妥当であれば○印を，妥当でなければ×印を解答用紙の解答欄に記入しなさい。（12点）

1. 原価計算制度とは，財務諸表作成目的に特化した財務会計機構と有機的に結びつき常時継続的に行われる計算体系である。

2. 予定価格などをもって計算したとしても，消費量や作業時間が実際で計算されているのであれば，それは実際原価となる。

3. 相互配賦法は補助部門間の用役の授受を考慮する方法であるから，通常，自部門への用役提供を意味する自家消費も考慮する。

4. 正常仕損の度外視法とは，正常仕損の発生点を度外視し，正常仕損費を完成品のみに負担させる計算方法である。

5. 販売費および一般管理費は製造原価と同様の分類基準に従い，製造原価の費目別計算に準じて計算される。

6. 実際原価計算制度では，勘定組織のわく内において，直接材料費の数量差異，直接労務費の時間差異，製造間接費の能率差異が把握されることはない。

第2問 次の資料にもとづいて，直接原価計算方式の損益計算による変動製造マージンと貢献利益および営業利益，ならびに，損益分岐点売上高と損益分岐点比率をそれぞれ計算しなさい。（20点）

1. 月初と月末に仕掛品および製品の棚卸資産はなかった。
2. 当月売上高　¥10,000,000

3. 当月原価データ

原　価　要　素	変　　動　　費	固　　定　　費
直 接 材 料 費	¥　367,000	――
直 接 労 務 費	1,050,000	――
製 造 間 接 費	283,000	¥　2,520,000
販　　　売　　　費	300,000	806,000
一 般 管 理 費	――	2,674,000

第3問 以下の**1～6**の取引を仕訳しなさい。ただし，勘定科目は，次の中から最も適当なものを選ぶこと。（24点）

能 率 差 異	当 座 預 金	材　　　　料	売 　掛　 金
本　　　　　社	仕 　掛 　品	現　　　　金	月 次 損 益
作 　業 　く 　ず	予 算 差 異	工　　　　場	未 　収 　金
製 造 間 接 費	減価償却累計額	売　　　　上	副 　産 　物
売 　上 　原 　価	賃 金 給 料	買 　掛 　金	操 業 度 差 異

1．素材について実地棚卸を行ったところ，帳簿残高¥498,500（997kg）に対して実地棚卸量が983kgであった。

2．当月の直接工賃金要支払額は¥3,490,542であり，当月の作業時間は次のとおりであった。

　　段取時間448時間　加工時間　1,032時間

　　間接作業時間　174時間　手待時間　29時間

3．製品の製造過程で作業くず300kgが生じた。なお，同作業くずの評価額は¥15／kgである。

4．当年度の製造間接費予算¥53,040,000に対して当月の製造間接費実際発生額が¥4,560,000であったため，予算差異を計上した。なお，仕掛品勘定の記帳は標準原価計算のパーシャル・プランによっている。

5．受注製品が完成したため，直ちに注文主に発送した。なお，同製品の製造原価は¥7,140,000，売価は¥9,240,000であり，代金は翌月末までに当社の当座預金口座に振り込まれることになっている。また，記帳は売上原価対立法による。

6. 全経工業株式会社第3工場における当月分の減価償却費¥3,789,000を計上した。工場会計が本社会計より独立している場合の工場側の仕訳を示しなさい。

第4問 全経金物株式会社は単一の材料を用いて単品種の金属製品を量産しており、材料は切削部（第1工程）の始点で投入され、成型部（第2工程）を経て金属製品が完成する。また、原価計算の方法としては、実際原価計算制度の累加法による工程別総合原価計算を採用している。次の<資料>にもとづいて、製造間接費部門別配賦表と工程別原価計算表を完成しなさい。（44点）

<資料>
1．材料関連データ
　・月初有高　¥296,063（375kg）
　・当月購入高　¥803,937（1,000kg）
　・当月消費量　1,025kg（うち25kgは工場消耗品として消費された。）
　・消費単価の計算は月次総平均法による。
　・材料に棚卸減耗は生じていない。
2．賃金関連データ
　・当月支給高　¥3,080,000
　・前月未払高　¥950,000
　・当月未払高　¥970,000
　・当月消費高
　　切削部直接労務費　¥830,000
　　成型部直接労務費　¥1,450,000
　　間接労務費　¥820,000
3．当月経費発生高　¥1,160,000（全額が間接経費であった。）
4．部門費関連データ
　・部門個別費
　　切削部　¥24,000　　成型部　¥27,000
　　動力部　¥400,000　　事務部　¥399,000

・部門共通費

　　建物関連　￥600,000

　　機械関連　￥400,000

　　厚生関連　￥150,000

・部門共通費および補助部門費配賦基準データ

	切削部	成型部	動力部	事務部
占有面積（m²）	600	800	530	70
機械帳簿価額（千円）	11,000	9,000	12,000	——
従業員数（人）	4	7	2	2
電力消費量（kwh）	2,850	2,150	375	——

・補助部門費の配賦は直接配賦法による。

5．生産データ

第1工程			第2工程			
月初仕掛品	600 kg	(0.3)	月初仕掛品	500	kg	(0.4)
当 月 投 入	1,000		当 月 投 入	（各自推定）		
合　　　計	1,600		合　　　計	（各自推定）		
			副 産 物	100		(1.0)
月末仕掛品	400	(0.5)	月末仕掛品	600		(0.5)
完 成 品	1,200		完 成 品	（各自推定）		

〔注〕（ ）内の数値は仕掛品の加工進捗度または副産物の発生点を示している。

6．第1工程完成品のうち100kgは第2工程に振り替えず，そのまま半製品として販売するために倉庫に保管した。

7．第2工程の終点で副産物が発生した。なお，副産物の評価額は￥1,000／kgと見込まれている。

8．原価配分はいずれの工程も平均法による。

解答・解説

第1問 (@ 2 点 × 6 ＝12点)

1	2	3	4	5	6
×	○	×	×	○	○

1. 原価計算制度は，財務諸表作成のみならず原価管理や予算統制など
   種々の目的を達成するための計算秩序である（「原価計算基準」2）。
2. 正しい（「原価計算基準」4（1）1）。
3. 通常，相互配賦法では自家消費は無視する。
4. 正常仕損の度外視法は，正常仕損費を別途区分して把握しない計算方
   法である。
5. 正しい（「原価計算基準」37および38）。
6. 正しい。なお，実際原価計算制度の下であっても，これらの差異は特
   殊原価調査によって把握されることはある（「原価計算基準」2）。

第2問 (@ 4 点 × 5 ＝20点)

変動製造マージン	¥	8,300,000
貢　献　利　益	¥	8,000,000
営　業　利　益	¥	2,000,000
損益分岐点売上高	¥	7,500,000
損益分岐点比率	75	％

　　月初と月末に仕掛品や製品の棚卸資産がないため，営業利益の計算まで
は基本的な問題である。なお，損益分岐点売上高は固定費を貢献利益率で
割ることによって求められ，本問の貢献利益率は0.8であるから，損益分
岐点売上高は¥6,000,000÷0.8＝¥7,500,000となる。よって，本問では当月
売上高が前提となるため，損益分岐点売上高は75％となる。

	借方科目	金額	貸方科目	金額
1	製 造 間 接 費	7,000	材　　　　　料	7,000
2	仕　　掛　　品	3,069,520	賃　金　給　料	3,490,542
	製 造 間 接 費	421,022		
3	作　業　く　ず	4,500	仕　　掛　　品	4,500
4	予　算　差　異	140,000	仕　　掛　　品	140,000
5	売　　掛　　金	9,240,000	売　　　　　上	9,240,000
	売　上　原　価	7,140,000	仕　　掛　　品	7,140,000
6	製 造 間 接 費	3,789,000	本　　　　　社	3,789,000

1．帳簿棚卸量997kgと実地棚卸量983kgから14kgの棚卸減耗が生じているため，素材の単価¥498,500÷997kg＝¥500／kgをかけ，棚卸減耗費は¥7,000となる。なお，本問では，棚卸減耗費や経費の勘定がないため，材料勘定から製造間接費勘定へ振り替える方法による。

2．総作業時間は1,683時間であり，賃率は¥2,074／時間となる。そして，段取時間と加工時間の1,480時間が直接作業時間となり，直接労務費は¥3,069,520，残り203時間分の¥421,022が間接労務費となる。

3．作業くずの評価額が軽微な場合，売却した時に雑収入や雑益として処理することもできるが，指定された勘定科目にこれら科目はないため，ここでは，原則である，製造原価から控除する方法による。そのため，作業くずの評価額¥4,500を仕掛品勘定から作業くず勘定へ振り替える。

4．月間製造間接費予算は¥4,420,000であるから，¥140,000の不利差異が生じているため，仕掛品勘定から予算差異勘定の借方へ振り替える。なお，本問では，固定予算によって予算差異を求めている。

5．代金は未収であるため売上の相手科目は売掛金，完成後ただちに発送しているため売上原価の相手科目は仕掛品となる。

6．1．と同様，減価償却費や経費の勘定がないため，借方は製造間接費となる。なお，通常，減価償却累計額のような統制勘定は本社側に設けられるため，貸方は本社となる。

第 4 問 （@ 4 点×網掛け11ヵ所＝44点）

製造間接費部門別配賦表

	合計	切削部	成型部	動力部	事務部
部 門 個 別 費	¥850,000	¥24,000	¥27,000	¥400,000	¥399,000
部 門 共 通 費	──	──	──	──	──
建 物 関 連	600,000	180,000	240,000	159,000	21,000
機 械 関 連	400,000	137,500	112,500	150,000	──
厚 生 関 連	150,000	40,000	70,000	20,000	20,000
部 門 費 合 計	2,000,000	381,500	449,500	729,000	440,000
事 務 部 費	440,000	160,000	280,000		
動 力 部 費	729,000	415,530	313,470		
製 造 部 門 費	2,000,000	957,030	1,042,970		

　部門共通費の配賦（部門費の第 1 次集計）について，建物関連は占有面積，機械関連は機械帳簿価額，厚生関連は従業員数を基準に各部門に配賦する。その結果，1 次集計額が，切削部が¥381,500，成型部が¥449,500，動力部が¥729,000，事務部が¥440,000となる。

　次に，補助部門費の配賦（部門費の第 2 次集計）について，事務部費の¥440,000を切削部と成型部の従業員数を基準に配賦し，動力部費の¥729,000を切削部と成型部の電力消費量を基準に配賦し，結果として，切削部費が¥957,030，成型部費が¥1,042,970となる。

　切削部費¥957,030は第 1 工程の製造間接費であり，切削部直接労務費¥830,000と合わせて第 1 工程加工費¥1,787,030となる。また，成型部費¥1,042,970は第 2 工程の製造間接費であり，成型部直接労務費¥1,450,000と合わせて第 2 工程加工費¥2,492,970となる。

　材料の消費単価は月次総平均法により，（¥296,063＋¥803,937）÷（375kg＋1,000kg）＝¥800／kgとなる。そして，直接材料の消費量は1,000kgであるから，直接材料費は¥800,000となる。なお，紙幅の関係で詳細は省くが，第 1 工程の工程完成品原価は¥2,748,000となる。

工程別原価計算表

摘　　要	第1工程	第2工程	合　　計
当月製造費用			
直接材料費	¥　　800,000	――	¥800,000
加　工　費	1,787,030	¥　2,492,970	4,280,000
前工程費		2,519,000	2,519,000
計	2,587,030	5,011,970	7,599,000
月初仕掛品原価			
直接材料費	483,200	――	483,200
加　工　費	296,170	458,030	754,200
前工程費	――	1,209,000	1,209,000
計	3,366,400	6,679,000	10,045,400
月末仕掛品原価			
直接材料費	320,800	――	320,800
加　工　費	297,600	681,000	978,600
前工程費	――	1,398,000	1,398,000
副産物評価額		100,000	100,000
工程完成品原価	2,748,000	4,500,000	7,248,000
工程完成品数量	1,200kg	900kg	――
工程完成品単価	@¥　　2,290	@¥　　5,000	
次工程振替額	2,519,000	――	

　第1工程完成品のうち100kgは倉庫に保管するため，第2工程へ振り替えられるのは1,100kgとなり，次工程振替額はその分の¥2,519,000となる。そして，これが第2工程当月製造費用の前工程費となる。

　これを受けて第2工程の計算となる。第2工程では副産物が生じるが，終点発生のため，総製造費用を（完成品＋副産物）と月末仕掛品に配分し，（完成品＋副産物）の分から副産物評価額を控除した金額を900kg分の第2工程完成品原価とする。

＜監修者紹介＞

奥村　雅史（おくむら・まさし）

早稲田大学教授　博士（商学）（早稲田大学）
全国経理教育協会簿記能力検定試験上級審査会委員
早稲田大学大学院商学研究科博士後期課程単位取得。早稲田大学助手，福島大学助教授，名古屋市立大学助教授等を経て現職。主要著書に『利益情報の訂正と株式市場』（中央経済社），『デジタル技術の進展と会計情報』（編著，中央経済社），『全経簿記上級　原価計算・管理会計テキスト（第4版）』（共編著，中央経済社）などがある。

＜編著者紹介＞

渡邊　章好（わたなべ・ふみよし）

東京経済大学教授　博士（商学）（一橋大学）
一橋大学大学院商学研究科博士後期課程単位取得。山梨学院大学専任講師などを経て現職。主要著書に『分析的会計研究』，『全経簿記上級　原価計算・管理会計テキスト（第4版）』（いずれも分担執筆，中央経済社）などがある。

全経簿記能力検定試験標準問題集　1級原価計算・管理会計

2024年4月10日　第1版第1刷発行

監　修	奥　村	雅	史	
編著者	渡　邊	章	好	
発行者	山　本		継	
発行所	㈱中 央 経 済 社			
発売元	㈱中央経済グループ パ ブ リ ッ シ ン グ			

〒101-0051　東京都千代田区神田神保町1-35
電話　03（3293）3371（編集代表）
　　　03（3293）3381（営業代表）
https://www.chuokeizai.co.jp
印刷／昭和情報プロセス㈱
製本／㈲井上製本所

©2024
Printed in Japan